EERSTE EDITIE - Gepubliceerd in 2022

Extra grafisch materiaal van: www.freepik.com
Dank aan: Alekksall, Starline, Pch.vector, Rawpixel.com, Vectorpocket, Dgim-studio, Upklyak, Macrovector, Stockgiu, Pikisuperstar & Freepik.com Designers

5 TIPS OM TE BEGINNEN!

1) HOE OP TE LOSSEN

De Puzzels zijn in een Klassiek Formaat:

- Woorden worden verborgen zonder pauzes (geen spaties, streepjes, ...)
- Oriëntatie: Voorwaarts & Achterwaarts, Boven & Beneden of in Diagonaal (kan in beide richtingen)
- Woorden kunnen elkaar overlappen of kruisen

2) ACTIEF LEREN

Naast elk woord is een spatie voorzien om de vertaling te noteren. Om actief te leren vindt u een **WOORDENBOEK** aan het einde van deze editie om uw kennis te controleren en uit te breiden. U kunt elke vertaling opzoeken en opschrijven, de woorden in de puzzel vinden en ze vervolgens aan uw woordenschat toevoegen!

3) TAG JE WOORDEN

Hebt u al geprobeerd een labelsysteem te gebruiken? U zou bijvoorbeeld de woorden die moeilijk te vinden waren kunnen markeren met een kruis, de woorden die u leuk vond met een ster, nieuwe woorden met een driehoek, zeldzame woorden met een ruit enzovoort...

4) ORGANISEER UW LEREN

Wij bieden ook een handig **NOTITIEBOEKJE** aan het eind van deze uitgave. Of u nu op vakantie, op reis of thuis bent, u kunt uw nieuwe kennis gemakkelijk ordenen zonder dat u een tweede notitieboek nodig hebt!

5) AFGESLOTEN?

Ga naar de bonussectie: **FINAAL UITDAGING** om een gratis spel te vinden dat aan het einde van deze editie wordt aangeboden!

Wil je meer leuke en leerzame activiteiten? Het is Snel en Eenvoudig!
Een hele collectie spelboeken slechts **één klik verwijderd!**

Vind uw volgende uitdaging bij:

BestActivityBooks.com/MijnVolgendeBoek

Klaar... Start!

Wist u dat er zo'n 7000 verschillende talen in de wereld zijn? Woorden zijn kostbaar.

We houden van talen en hebben hard gewerkt om de boeken van de hoogste kwaliteit voor u te maken. Onze ingrediënten?

Een selectie van onmisbare leerthema's, drie grote plakken plezier, dan voegen we er een lepel moeilijke woorden en een snuifje zeldzame woorden aan toe. We serveren ze met zorg en een maximum aan verrukking, zodat je de beste woordspelletjes kunt oplossen en veel plezier beleeft aan het leren!

Uw feedback is essentieel. U kunt een actieve bijdrage leveren aan het succes van dit boek door een recensie achter te laten. Vertel ons wat u het meest beviel in deze editie!

Hier is een korte link die u naar uw bestelpagina brengt:

BestBooksActivity.com/Recensies50

Bedankt voor uw hulp en veel plezier met het spel!

Linguas Classics

1 - Metingen

```
P  K  B  A  X  H  J  O  B  W  U  L  X  W
P  K  D  S  D  U  A  C  R  E  T  I  L  D
R  T  O  N  I  I  X  S  E  E  A  U  A  S
U  O  U  U  T  U  Z  I  D  I  R  H  G  P
N  S  L  N  M  R  U  R  D  M  E  T  E  R
C  E  N  T  I  M  E  T  E  R  L  K  X  K
Y  M  F  K  T  M  H  Z  P  Y  Ä  I  Y  I
D  E  C  I  M  A  L  Ö  U  S  N  L  V  L
C  A  M  V  U  R  J  W  J  Z  G  O  E  O
X  S  R  K  T  G  X  H  D  D  D  G  T  M
G  S  G  G  P  H  X  V  K  D  R  R  D  E
I  A  N  S  W  I  M  E  B  V  Z  A  A  T
S  M  Y  L  O  V  Z  E  E  B  N  M  G  E
N  U  C  S  M  N  G  B  Y  T  E  H  W  R
```

BREDD	KILOGRAM
BYTE	KILOMETER
CENTIMETER	LÄNGD
DECIMAL	LITER
DJUP	MASSA
VIKT	METER
GRAD	MINUT
GRAM	UNS
HÖJD	TON
TUM	VOLYM

2 - Keuken

```
V  K  R  Y  D  D  O  R  F  D  J  S  Y  K
K  A  S  S  J  V  U  A  Ö  D  O  L  H  A
O  M  T  V  W  L  R  L  R  B  N  E  B  N
P  D  T  T  A  M  N  F  K  K  S  V  U  N
P  G  E  R  E  M  B  F  L  Å  K  S  R  A
A  P  V  W  E  N  P  A  Ä  R  H  J  K  Y
R  G  R  Y  U  C  K  G  D  W  A  A  R  R
A  R  E  K  S  G  E  O  E  C  F  R  Y  S
D  B  S  N  N  G  R  P  K  J  A  E  C  O
E  F  E  I  R  L  Z  E  T  A  X  N  Y  T
K  E  G  V  Z  I  Y  L  L  I  R  G  L  P
S  W  L  A  A  U  G  N  E  Y  W  E  W  U
X  K  M  R  A  N  N  I  P  T  Ä  X  C  R
K  Y  L  S  K  Å  P  M  R  T  O  L  N  P
```

KOPPAR	SLEV
ÄTPINNAR	BURK
GRILL	RECEPT
VATTENKOKARE	FÖRKLÄDE
KYLSKÅP	SERVETT
SKÅL	KRYDDOR
KANNA	SVAMP
SKEDAR	MAT
KNIVAR	GAFFLAR
UGN	FRYS

3 - Boten

```
S  J  Ö  G  V  K  A  J  A  K  R  J  T  E
H  A  V  K  T  A  J  R  Ä  F  D  Y  K  J
R  A  I  R  M  N  A  M  Ö  J  S  V  A  A
D  O  C  K  A  O  K  I  Z  M  O  Å  Z  A
B  N  G  S  E  T  T  O  L  F  C  G  S  T
P  E  R  O  L  S  H  F  I  Z  J  O  O  S
N  B  S  D  G  A  F  C  D  M  Y  R  X  Y
A  L  U  Ä  P  M  L  S  A  M  O  T  O  R
U  N  I  D  T  A  O  R  R  Y  A  Y  B  O
T  T  U  V  L  T  D  H  C  M  N  Z  W  O
I  N  A  D  B  S  N  E  R  N  K  F  H  J
S  R  A  I  R  Å  S  I  E  B  A  E  S  J
K  E  V  C  E  Z  T  B  N  J  R  K  A  V
B  O  J  E  T  Å  B  L  E  G  E  S  N  Y
```

ANKARE	SJÖ
BESÄTTNING	MOTOR
BOJ	NAUTISK
DOCKA	LIVBÅT
VÅGOR	FLOD
YACHT	REP
KAJAK	FÄRJA
KANOT	FLOTTE
MAST	HAV
SJÖMAN	SEGELBÅT

4 - Chocolade

```
A A N P J J M H A Y G P A O
L K G G W O V O N J O U N U
K W J Y R S N Y I H D L T M
A S T S L C R F R Z I V I P
K J Ö P T P E C E R S E O D
A V P T Y L K O K O S R X F
O K D V D I C I C O X C I A
V A L R C V O Z Ä F X G D V
A R O M R S S R L J I P A O
I N G R E D I E N S K U N R
U A E X O T I S K K E O T I
J O R D N Ö T T E R L L L T
K A L O R I E R E T T I B A
U C S M A K K V A L I T E T
```

ANTIOXIDANT
AROM
BITTER
KAKAO
KALORIER
EXOTISK
FAVORIT
LÄCKER
INGREDIENS
KOLA

KOKOS
KVALITET
JORDNÖTTER
PULVER
RECEPT
SMAK
GODIS
SOCKER
SÖT

5 - Gezondheid en Welzijn #2

```
P  Å  T  E  R  H  Ä  M  T  N  I  N  G  N
Å  A  L  L  E  R  G  I  N  N  D  K  S  Ä
F  I  G  E  N  E  T  I  K  K  S  I  T  R
R  M  N  K  Z  I  F  G  L  E  R  M  V  I
E  L  Z  F  I  N  B  R  J  G  N  O  H  N
S  W  B  I  E  J  Y  E  I  A  W  T  P  G
T  B  L  O  D  K  I  N  A  S  G  A  S  P
N  F  F  X  F  V  T  E  K  S  K  N  J  H
I  V  I  K  T  I  S  I  A  A  K  A  U  Y
N  I  I  W  D  T  O  C  O  M  A  N  K  G
G  A  Z  F  O  A  K  G  P  N  L  G  H  I
W  L  L  Y  J  M  V  G  L  N  O  P  U  E
B  F  W  C  L  I  P  D  U  D  R  F  S  N
Y  A  E  B  V  N  T  I  W  O  I  H  W  R
```

ALLERGI	ÅTERHÄMTNING
ANATOMI	HYGIEN
BLOD	INFEKTION
KALORI	KROPP
KOST	MASSAGE
ENERGI	PÅFRESTNING
GENETIK	VITAMIN
VIKT	NÄRING
FRISKA	SJUKHUS

6 - Tijd

```
N  J  T  A  R  B  Å  N  L  T  K  A  J  J
R  U  B  W  C  P  R  A  W  A  S  U  J  T
P  V  P  Z  K  C  Y  T  G  I  D  I  T  X
I  F  U  T  U  L  B  T  E  D  G  A  D  W
E  F  T  E  R  B  O  L  P  I  I  Å  H  P
J  Z  M  C  F  Y  D  C  K  T  L  H  R  Å
K  P  R  D  I  D  A  G  K  M  R  W  E  R
T  I  M  M  E  W  N  L  M  A  Å  P  D  T
J  U  I  V  S  G  Å  M  O  R  G  O  N  I
I  F  T  B  Y  A  M  M  A  F  N  V  E  O
Å  R  H  U  N  D  R  A  D  E  M  E  L  N
N  C  P  N  N  D  P  N  Y  T  N  C  A  D
M  N  U  N  T  I  C  P  D  X  U  K  K  E
B  S  B  P  Y  M  M  H  P  V  V  A  U  L
```

DAG	MINUT
ÅRTIONDE	EFTER
ÅRHUNDRADE	NATT
IGÅR	NU
ÅR	MORGON
ÅRLIG	FRAMTID
KALENDER	TIMME
KLOCKA	IDAG
MÅNAD	TIDIG
MIDDAG	VECKA

7 - Meditatie

```
L P H T Y S T N A D T R U O
Y P S Å B R W E R E A Ö P B
C E G Y L Y G K Z R N R P S
K R O N K L M A A F K E M E
A S D A K I N V L F A L Ä R
B P K T Ä K S I S M R S R V
Y E Ä U N L I K N M J E K A
K K N R S A W I Ä G M W S T
V T N I L R N G K H J E A I
P I A M O H F R D R C I M O
C V N U R E U A E A H B H N
G L D S M T N G M Y B R E Z
P V E I H A N D A S I D T S
N S T K V Ä N L I G H E T S
```

UPPMÄRKSAMHET
GODKÄNNANDE
ANDAS
RÖRELSE
KÄNSLOR
TANKAR
LYCKA
KLARHET
HÅLLNING
MEDKÄNSLA

PSYKISK
MUSIK
NATUR
OBSERVATION
PERSPEKTIV
TYSTNAD
FRED
VÄNLIGHET
VAKEN

8 - Muziek

```
M T Y R V S A M I H M B J I
S U M Ö E M L I N A U A I A
L Å S K R W L K S R S L N Y
E L N I S Z P R T M I L S F
V F Y G K D G O R O K A P M
M U B L A E A F U N A D E B
N B K J M R R O M I L R L R
D V A R L E E N E Y I A N Y
K S I T E O P R N J S G I T
O O V V A E O M T P K N N M
I M P R O V I S E R A U G I
Y J W M L Y R I S K P J F S
W Z I V E K L A S S I S K K
B A H Y W T M E L O D I W Y
```

ALBUM
BALLAD
HARMONI
IMPROVISERA
INSTRUMENT
KLASSISK
KÖR
LYRISK
MELODI
MIKROFON

MUSIKALISK
MUSIKER
OPERA
INSPELNING
POETISK
RYTM
RYTMISK
TEMPO
SÅNGARE
SJUNGA

9 - Vogels

```
Y  L  L  T  E  C  W  S  W  P  F  T  M  Z
K  Y  C  K  L  I  N  G  T  N  Z  E  X  O
P  A  P  E  G  O  J  A  G  R  G  B  A  N
D  Y  Z  D  D  M  O  J  T  Ö  U  P  R  P
S  A  F  L  A  M  I  N  G  O  K  T  T  Y
T  T  N  X  O  O  M  N  L  N  I  J  S  H
O  S  W  K  I  K  D  U  V  A  L  G  G  U
R  S  S  Z  A  N  H  P  I  R  E  G  Ä  H
K  T  O  U  C  A  N  I  O  I  G  Ä  L  B
S  V  A  N  B  V  F  N  D  S  Å  G  J  X
S  P  A  R  V  S  C  G  K  Å  F  T  W  A
K  R  Å  K  A  L  N  V  F  M  Å  J  I  J
E  A  W  P  N  A  K  I  L  E  P  L  B  H
O  H  W  F  O  P  J  N  T  K  F  V  K  X
```

DUVA	STORK
ANKA	PAPEGOJA
ÄGG	PÅFÅGEL
FLAMINGO	PELIKAN
GÅS	PINGVIN
KYCKLING	HÄGER
GÖK	STRUTS
KRÅKA	TOUCAN
MÅS	UGGLA
SPARV	SVAN

10 - Universum

```
K  Y  L  K  N  V  U  H  V  T  J  E  J  H
B  O  V  U  B  M  L  O  L  U  T  A  O  A
R  O  S  M  O  N  O  R  T  S  A  U  H  L
E  V  M  M  H  X  G  I  L  N  Y  S  M  V
D  V  S  L  I  I  G  S  L  E  W  A  Å  K
D  P  X  N  O  S  S  O  N  V  M  N  N  L
G  O  N  U  W  P  K  N  J  I  G  M  E  O
R  L  J  H  J  U  P  T  H  N  P  H  I  T
A  M  Ö  R  K  E  R  S  S  Z  L  A  G  H
D  I  O  R  E  T  S  A  B  R  H  C  A  O
L  O  N  G  I  T  U  D  V  A  V  T  L  G
A  T  M  O  S  F  Ä  R  N  N  N  S  A  R
H  Z  X  I  M  O  N  O  R  T  S  A  X  N
A  H  R  P  G  E  K  V  A  T  O  R  H  U
```

ASTEROID	HIMMEL
ASTRONOMI	HORISONT
ASTRONOM	LUTA
ATMOSFÄR	KOSMISK
OMLOPPSBANA	LONGITUD
BREDDGRAD	MÅNE
MÖRKER	GALAX
EKVATOR	SYNLIG
HALVKLOT	

11 - Wiskunde

```
L A G R G S S T C G R O T P
X R M I J U Y R N V D M N O
D R E T E M A I D O R K E L
I R R E T M L A S L I R N Y
V R E H P A L N S Y G E O G
I V T O N P C G V M G T P O
S Y I E W T X E X O G S X N
I W I N M M S L A M I C E D
O P H U K M V I N K L A R H
N B D S E E Y G T X E W K Y
L G S F Ä R L S L Z O R J W
L L L E L L A R A P R N F P
E K V A T I O N Ä M E S W Y
G E O M E T R I Y T A V J Y
```

SFÄR
DECIMAL
DIAMETER
DIVISION
TRIANGEL
EXPONENT
GEOMETRI
VINKLAR
VINKELRÄT

OMKRETS
PARALLELL
SUMMA
SYMMETRI
POLYGON
EKVATION
TORG
VOLYM

12 - Gezondheid en Welzijn #1

```
A K V U H J X H R V H M G B
H V L R U T K A R F U E A E
Ö I K I D I O Z S H N D K H
J A M O N S K A D A G I T A
D P P U P I E M Z X E C I N
F O Z V S P K A E Y R I V D
K T C E U K L T U L E N Z L
K E N I R W L I J F N A I I
I K W O I Z V E N E O T T N
P H T J V H A I R G M B R G
A G S W U H N R E V R E N W
R E F L E X A R V Z O M P H
E I R E T K A B X Y H V P P
T L Ä K A R E R B Z J F I E
```

AKTIV	HUD
APOTEK	KLINIK
BAKTERIE	SKADA
BEHANDLING	MEDICIN
FRAKTUR	AVKOPPLING
LÄKARE	REFLEX
VANA	MUSKLER
HUNGER	TERAPI
HÖJD	VIRUS
HORMONER	NERVER

13 - Camping

```
D  K  G  H  A  E  S  M  U  X  J  B  T  P
J  O  S  M  A  O  T  X  O  O  T  A  Z  X
U  M  Ä  V  E  N  T  Y  R  M  H  E  K  V
R  P  E  R  O  W  L  D  W  Å  A  L  N  T
D  A  G  U  T  S  Ä  C  K  N  T  D  E  O
T  S  J  N  P  P  T  O  A  E  T  E  O  D
F  S  F  P  C  T  E  T  R  U  T  A  N  I
H  B  W  K  Z  E  G  R  T  D  P  C  E  A
T  P  G  M  R  X  D  Ä  A  H  S  L  R  S
G  O  K  S  O  K  D  D  A  S  P  C  U  J
H  Ä  N  G  M  A  T  T  A  T  K  Y  L  Ö
H  Y  P  A  U  X  X  C  V  X  Y  M  X  W
I  N  S  E  K  T  T  S  V  R  T  M  I  H
J  F  F  H  K  B  E  R  G  Z  Z  D  Z  F
```

ÄVENTYR	JAKT
BERG	KARTA
TRÄD	KANOT
SKOG	KOMPASS
ELD	LYKTA
STUGA	MÅNE
DJUR	SJÖ
HÄNGMATTA	NATUR
HATT	TÄLT
INSEKT	REP

14 - Algebra

```
U A L K N E R Ö F A R G P K
D C E S U M M A A N E E A V
C N B X T U T Z K O L A R A
F R A K T I O N T L A K E N
D W I Z B X X B O L B Z N T
U I R A I H S I R T A M T I
L G A E X P O N E N T P E T
G I V G I L D N Ä O P R S E
D T N P R G F C W F X O V T
F H F J J A N O W W P B X Y
P M J M Ä P M I R U M L G V
F A L S K R T Y R M B E R D
L Ö S N I N G X P F E M O T
S U B T R A K T I O N L P K
```

SUBTRAKTION	MATRIS
DIAGRAM	NOLL
EXPONENT	OÄNDLIG
FAKTOR	LÖSNING
FORMEL	PROBLEM
FRAKTION	SUMMA
GRAF	FALSK
PARENTES	VARIABEL
KVANTITET	FÖRENKLA
LINJÄR	

15 - Activiteiten

```
K  V  A  D  D  J  E  X  V  N  J  J  D  Z
E  A  M  A  A  A  Y  K  T  K  F  U  P  D
R  I  G  N  I  N  S  Ä  L  E  S  S  U  P
A  I  C  S  H  P  M  X  E  Z  F  W  F  A
M  F  G  N  A  A  A  Ö  T  K  U  M  Ä  V
I  A  N  F  N  E  C  O  S  F  D  U  R  K
K  R  I  I  T  K  A  J  M  A  G  I  D  O
K  G  R  S  V  M  Å  L  N  I  N  G  I  P
D  O  D  K  E  R  N  K  G  N  I  S  G  P
Z  T  N  E  R  W  Z  Ö  H  J  P  P  H  L
H  O  A  S  K  U  H  G  J  R  M  E  E  I
X  F  V  W  T  Z  R  T  J  E  A  L  T  N
I  A  K  T  I  V  I  T  E  T  C  Y  A  G
E  Z  K  F  R  I  T  I  D  J  Y  U  U  E
```

AKTIVITET
HANTVERK
DANS
FOTOGRAFI
SPEL
FISKE
JAKT
CAMPING
KERAMIK
KONST

LÄSNING
MAGI
SÖMNAD
AVKOPPLING
NÖJE
PUSSEL
MÅLNING
FÄRDIGHET
FRITID
VANDRING

16 - Vormen

```
L I N J E Z N G C N L T L K
P D O T O R C W A T L O P U
Y Y K B Å G E H Ö R N R G R
C G R D U A Z F K S O G J V
Y C Z A W K R U N D I K W A
L A V O M F T B A R L D U D
I R E Y E I S L R E T N A K
N F X M D H D E L K S O C I
D P R I S M A B I T F G I S
E S F Y G U V R F A Ä Y R Y
R T R I A N G E L N R L K N
F I J R F Y M P K G W O E D
P Z V L U N A Y E E H P L V
O C U Y G K H H O L S X L Z
```

SFÄR
BÅGE
CYLINDER
CIRKEL
KURVA
TRIANGEL
HÖRN
HYPERBEL
SIDA
KON

KUB
LINJE
OVAL
PYRAMID
PRISMA
KANTER
REKTANGEL
RUND
POLYGON
TORG

17 - Diplomatie

```
F  S  S  M  S  Ä  K  E  R  H  E  T  A  H
G  N  I  R  E  G  E  R  I  O  T  Y  M  U
N  V  F  X  W  D  E  X  U  O  N  S  B  M
I  O  T  T  G  Z  B  M  P  N  F  V  A  A
N  J  K  H  Y  D  H  O  E  A  U  S  S  N
S  G  K  I  I  X  C  A  R  N  D  Y  S  I
Ö  C  Å  C  F  V  S  R  R  G  S  I  A  T
L  E  R  A  V  I  G  D  Å  R  A  K  D  Ä
D  I  P  L  O  M  A  T  I  S  K  R  A  R
M  C  S  P  O  L  I  T  I  K  I  C  E  P
I  N  T  E  G  R  I  T  E  T  T  T  P  M
K  O  N  F  L  I  K  T  V  W  E  Z  A  K
R  E  S  O  L  U  T  I  O  N  N  M  K  N
R  Ä  T  T  V  I  S  A  Z  K  E  P  E  R
```

RÅDGIVARE
AMBASSAD
MEDBORGARE
KONFLIKT
DIPLOMATISK
ETIK
GEMENSKAP
RÄTTVISA

HUMANITÄR
INTEGRITET
LÖSNING
POLITIK
REGERING
RESOLUTION
SPRÅK
SÄKERHET

18 - Astronomie

```
K O N S T E L L A T I O N D
T G A S T R O N O M Z H R A
S N E B U L O S A L R R M G
D I O R E T S A D V H D U J
R N P S B E Y S B E K O S Ä
O L R R W T H O T E K A R M
J Å D K O X B V R J A B E N
K R T E L E S K O P Ä D V I
O T I L L E T A S S G R I N
S S K T I W E E R B J C N G
M H O M D P N W M S I N U A
O L M Å T U A N O R T S A D
S B E N Y F L A L L V A R W
N W T E O I P N F U A A D F
```

JORD
ASTEROID
ASTRONAUT
ASTRONOM
DAGJÄMNING
KOMET
KOSMOS
MÅNE
METEOR
NEBULOSA

PLANET
RAKET
SATELLIT
STJÄRNA
KONSTELLATION
STRÅLNING
TELESKOP
UNIVERSUM
ALLVAR

19 - Emoties

```
F  X  F  Ö  Y  L  E  V  R  L  S  K  T  V
A  I  A  D  M  W  Ä  Y  E  U  O  Ä  U  Ä
J  H  U  A  V  H  W  T  A  G  R  R  Ö  N
U  D  R  S  G  S  E  H  T  N  G  L  V  L
E  A  M  T  H  R  F  T  G  N  X  E  E  I
I  N  N  E  H  Å  L  L  L  G  A  K  R  G
T  P  T  H  N  A  O  I  Ä  J  K  D  R  H
A  P  A  P  K  Ö  M  K  D  E  S  E  A  E
P  A  C  P  O  F  J  E  J  D  L  R  S  T
M  L  K  U  X  L  M  D  E  D  I  F  K  I
Y  S  S  L  U  H  R  R  I  U  G  V  N  M
S  V  A  E  S  A  L  I  G  H  E  T  I  J
Z  A  M  D  A  R  E  N  E  G  V  F  N  S
H  I  D  A  R  Ä  D  S  L  A  X  G  G  B
```

RÄDSLA
GENERAD
TACKSAM
SORG
SALIGHET
INNEHÅLL
KÄRLEK
AVSLAPPNAD
UPPHETSAD
LÄTTNAD

LUGN
SYMPATI
ÖMHET
NÖJD
ÖVERRASKNING
LEDA
FRED
GLÄDJE
VÄNLIGHET
ILSKA

20 - Vakantie #2

```
R  R  F  B  T  T  L  P  Y  K  G  O  M  N
E  E  T  L  R  E  S  A  E  Y  A  C  T  T
S  S  L  R  Y  H  O  T  E  L  L  R  R  P
E  T  Ä  R  A  G  N  I  P  M  A  C  T  F
R  A  T  N  J  N  P  R  V  A  H  U  G  A
V  U  F  K  L  S  L  S  T  R  A  N  D  D
A  R  P  A  S  S  C  P  A  T  R  U  I  I
T  A  K  J  D  Y  S  N  O  T  W  F  N  T
I  N  J  A  N  M  K  V  H  R  S  N  N  I
O  G  S  H  Ä  R  D  B  S  V  T  T  Ä  R
N  J  E  Y  L  K  I  D  K  O  I  A  L  F
E  K  R  E  T  S  E  M  E  S  M  X  T  J
R  T  E  M  U  S  I  V  A  H  N  I  U  V
D  E  S  T  I  N  A  T  I  O  N  Ö  Y  Z
```

DESTINATION	RESTAURANG
UTLÄNNING	STRAND
UTLÄNDSK	TAXI
HOTELL	TÄLT
KARTA	SEMESTER
CAMPING	TRANSPORT
FLYGPLATS	VISUM
PASS	FRITID
RESA	HAV
RESERVATIONER	

21 - Weersomstandigheden

```
T  E  M  P  E  R  A  T  U  R  Y  O  G  V
F  U  K  T  I  G  G  N  H  F  Z  S  F  A
E  K  Z  T  X  R  E  G  N  B  Å  G  E  V
T  N  L  O  M  M  C  Y  L  G  L  N  F  O
T  M  R  R  A  B  L  I  X  T  Y  I  B  J
P  R  X  K  K  S  I  P  O  R  T  N  J  I
V  O  O  A  S  T  F  D  A  Z  A  M  K  D
M  P  L  M  Å  O  F  F  T  I  M  Ä  V  I
E  G  Y  Ä  B  R  K  M  M  H  I  V  I  M
D  H  M  J  R  M  U  O  O  G  L  S  N  M
E  P  O  S  I  A  L  N  S  K  K  R  D  A
A  B  C  X  O  S  C  S  F  T  X  E  M  P
O  R  K  A  N  E  A  U  Ä  W  Y  V  M  A
C  H  I  M  M  E  L  N  R  R  E  Ö  X  C
```

ATMOSFÄR	ÖVERSVÄMNING
BLIXT	POLÄRA
ÅSKA	REGNBÅGE
TORKA	STORM
HIMMEL	TEMPERATUR
IS	TROMB
KLIMAT	TROPISK
DIMMA	FUKTIG
MONSUN	VIND
ORKAN	MOLN

22 - Eten #2

```
F W P O J T S O E E S U D A
C I L O C C O R B W I C S S
M H S A B A C M S B R Ö D T
X V G K W O Y H A C R L Z I
B U U O V H B R N T A M R Y
S K I N K A T N A L P G G Ä
P N N D F P Y X N E S K G Y
A F I R P E G S A D T Y Ä O
I P O U R R P P M N P C M G
U Ä D V J S O R H A P K H H
W D P A W I W I K M L L Z U
X K F P I K W S F E K I U R
V E T E L A B A N A N N O T
M C B F U E J C I W V G S A
```

MANDEL
ANANAS
ÄPPLE
SPARRIS
ÄGGPLANTA
BANAN
BROCCOLI
BRÖD
DRUVA
ÄGG

SKINKA
OST
KYCKLING
KIWI
PERSIKA
RIS
VETE
TOMAT
FISK
YOGHURT

23 - Klimmen

```
U  Y  A  Y  W  O  N  F  Y  S  I  S  K  A
T  V  Z  N  F  D  Y  X  Y  H  T  C  C  Z
M  L  Ä  J  H  N  F  O  S  R  D  U  E  T
A  K  R  Y  T  S  I  H  V  H  Y  M  J  L
N  W  T  E  B  G  K  G  R  O  T  T  A  G
I  Z  S  D  J  X  E  S  T  Ö  V  L  A  R
N  L  O  T  F  K  N  T  E  R  R  Ä  N  G
G  T  C  D  J  Ö  H  G  U  I  D  E  V  T
A  T  R  E  P  X  E  T  L  T  G  R  K  J
R  K  L  Ä  T  E  T  I  L  I  B  A  T  S
H  W  A  R  N  H  P  O  A  E  Y  D  N  Y
S  X  H  R  G  I  E  A  M  J  B  A  V  G
A  Y  I  E  T  J  N  V  S  L  W  K  X  B
O  F  L  O  R  A  S  G  T  E  H  S  X  S
```

EXPERT	STÖVLAR
FYSISK	SKADA
GUIDE	NYFIKENHET
GROTTA	TRÄNING
HJÄLM	SMAL
HÖJD	STABILITET
KARTA	TERRÄNG
STYRKA	UTMANINGAR

24 - Geologie

```
N S H L B J R U I E K D A P
D A N A K L U V Z J V L T G
E L S V Z O D R O I A X J E
M T L A D T H H N K R O O J
P L W A B G L Z N E T S R S
N Ä S H R E G A L M S W D E
D M O I N O I S O R E R B R
P S O T I T K A L A T S Ä P
M T Y T N E N I T N O K V L
S X K S P E L N S T V N N A
K A L C I U M P L Y O V I T
K R I S T A L L E R R R N Å
F O S S I L O B P U M A G A
V X W R R S Z N J X E P V G
```

JORDBÄVNING	KVARTS
KALCIUM	LAGER
KONTINENT	LAVA
EROSION	PLATÅ
FOSSIL	STALAKTIT
GEJSER	STEN
SMÄLT	VULKAN
GROTTA	ZON
KORALL	SALT
KRISTALLER	SYRA

25 - Specerijen

```
L N P O K K Ö L T I V T H M
Ö F M A A G U K A N E L Y U
K S A T R S I M F D L A U S
J I Ö G D H A L M R X S X K
H N F T E K K F V I Y E B O
W A Ä U M X I C F A N Y I T
P Z N X U R R U Y R X H T U
O J K A M S P R R Ä A I T P
Y O Å C M T A R F F U N E E
Y S L P A M P Y Y E D H R P
K O R I A N D E R G M G G P
V A N I L J G U R N T I E A
O L B E Z Y Z L X I B G B R
K R Y D D N E J L I K A F M
```

ANIS
BITTER
INGEFÄRA
KANEL
KARDEMUMMA
CURRY
VITLÖK
KUMMIN
KORIANDER
KRYDDNEJLIKA

MUSKOT
PAPRIKA
PEPPAR
SAFFRAN
SMAK
LÖK
VANILJ
FÄNKÅL
SÖT
SALT

26 - Groenten

```
Ä  A  P  A  P  B  R  V  C  P  V  M  T  E
A  R  D  A  E  R  K  Ä  V  K  X  O  O  O
K  Ä  T  M  R  O  Y  Ä  D  D  J  R  M  S
C  F  H  A  S  C  B  G  C  I  H  O  A  Y
O  E  K  K  I  C  J  G  Y  Z  S  T  T  M
K  G  M  R  L  O  X  P  S  V  C  A  M  H
S  N  K  U  J  L  R  L  P  G  W  A  T  S
T  I  J  G  A  I  N  A  E  E  F  X  O  E
R  S  A  L  L  A  D  N  N  S  H  H  Y  L
Ä  O  X  L  F  J  T  T  A  H  M  V  F  L
N  M  V  C  C  B  V  A  T  A  O  S  C  E
O  C  I  A  P  M  U  P  S  V  A  M  P  R
R  R  L  I  V  I  T  L  Ö  K  Ö  L  O  I
K  S  O  N  Z  X  M  M  E  W  M  G  O  G
```

KRONÄRTSKOCKA	PUMPA
ÄGGPLANTA	ROVA
BROCCOLI	RÄDISA
ÄRTA	SALLAD
INGEFÄRA	SELLERI
VITLÖK	SPENAT
GURKA	TOMAT
OLIV	LÖK
SVAMP	MOROT
PERSILJA	

27 - Archeologie

```
S C U M Y S T E R I U M P A
U T I T K E J B O U K S U S
O A L V V C H P G T T S O R
T Z W C I Ä B A R R E C O E
B E N W E L R W A B J A K O
N R E L I K I D V F M H M K
E X P E R T V S E B Y F S Ä
K G X T N E M G A R F U T N
I L Y T B I U L D T I U A D
T Ö F E N O E R A T I N K P
N M U M F O S S I L U O G F
A T F P D K W H R B O T N F
O E P E R A K S R O F N N Y
Z S Y L A N A Ä T T L I N G
```

ANALYS
CIVILISATION
BEN
EXPERT
UTVÄRDERING
FOSSIL
FRAGMENT
GRAV
MYSTERIUM
ÄTTLING

OBJEKT
OKÄND
FORSKARE
ANTIKEN
RELIK
TEAM
TEMPEL
ERA
GLÖMT

28 - Dans

```
H  K  L  K  Z  J  A  K  U  M  J  R  Z  O
G  N  I  N  L  L  Å  H  O  G  N  Y  P  R
K  G  C  Y  L  O  P  O  X  N  P  T  A  E
D  W  F  G  U  C  X  P  D  T  S  M  R  P
S  L  T  N  F  H  V  P  E  D  G  T  T  E
W  V  M  U  S  I  K  A  L  Y  O  F  N  T
I  G  A  V  K  M  J  K  L  K  W  X  E  I
E  W  R  I  C  E  D  U  E  S  H  V  R  T
N  Å  D  S  Y  D  D  L  R  I  N  B  R  I
H  R  A  U  R  A  I  T  U  S  M  Ä  E  O
I  C  L  E  T  K  L  U  T  S  K  X  K  N
X  V  G  L  T  A  J  R  L  A  R  O  I  W
S  Z  X  L  U  V  G  D  U  L  Y  L  X  S
R  Ö  R  E  L  S  E  E  K  K  R  O  P  P
```

AKADEMI	KLASSISK
RÖRELSE	KONST
GLAD	KROPP
KULTURELL	MUSIK
KULTUR	PARTNER
KÄNSLA	REPETITION
UTTRYCKSFULL	RYTM
NÅD	HOPPA
HÅLLNING	VISUELL

29 - Mythologie

```
T N N H O M C M W J O B B K
R R X S J D Y U N M Y L E A
U Y F M V Ä Ö G Y U H I T T
T J H X C A L D P Y P X E A
L E G E N D R T L B P T E S
U D H S O E D T E I J T N T
K N I L Z V G K S T G N D R
E A M E V P P U B J R H E O
C P M R E T S N O M U H E F
A A E A O Å S K A P C K Y T
F K L V L A B Y R I N T A U
N S K F D Ö D L I G U R J D
S T Y R K A K R I G A R E I
H J Ä L T I N N A H Ä M N D
```

BLIXT

SKAPANDE

KULTUR

ÅSKA

LABYRINT

BETEENDE

HJÄLTE

HJÄLTINNA

HIMMEL

SVARTSJUKA

STYRKA

KRIGARE

LEGEND

MONSTER

ODÖDLIGHET

KATASTROF

DÖDLIG

VARELSE

HÄMND

30 - Eten #1

```
W  P  N  B  F  X  Z  R  P  V  S  A  B  K
N  K  Ä  R  U  X  Y  J  I  I  A  P  A  P
A  J  I  R  E  K  C  O  S  T  L  R  S  U
X  U  H  H  O  D  N  G  G  L  L  I  I  X
K  A  N  E  L  N  Z  B  X  Ö  A  K  L  H
B  B  U  G  D  R  O  J  L  K  D  O  I  Y
B  J  T  X  K  O  A  R  X  X  W  S  K  S
M  O  R  O  T  K  F  C  T  T  Ö  K  A  E
S  J  O  R  D  N  Ö  T  V  I  F  H  W  K
O  T  O  N  F  I  S  K  I  E  C  I  U  J
P  S  P  E  N  A  T  L  A  S  H  Y  I  P
P  N  T  Y  F  D  I  J  Ö  Z  N  E  X  R
A  S  Z  Y  K  U  A  Z  H  K  L  Ö  J  M
Z  Y  T  V  E  E  G  J  O  N  I  W  D  N
```

JORDGUBB	SALLAD
APRIKOS	JUICE
BASILIKA	SOPPA
CITRON	SPENAT
KORN	SOCKER
KANEL	TONFISK
VITLÖK	LÖK
MJÖLK	KÖTT
PÄRON	MOROT
JORDNÖT	SALT

31 - Avontuur

```
D P R L O Ö H U A K G E U L
E N Z S V V G C H A N S T O
S M Y D A E G D T K X L F H
T G O T N R O S E R F E L U
I N S D L R G T T U A D Y T
N I N R I A B E I T R E K M
A R O E G S J H V A L R T A
T E H N Ö K S G I N I E E N
I G Y N P A I I T G G B H I
O I B Ä V N K R K Z I R R N
N V S V X D F Å A J S Ö E G
P A V U X E M V T D O F K A
E N T U S I A S M N L E Ä R
G L Ä D J E A P L Y C X S E
```

AKTIVITET
DESTINATION
ENTUSIASM
UTFLYKT
FARLIG
CHANS
MOD
SVÅRIGHET
NATUR
NAVIGERING

NY
OVANLIG
RESOR
SKÖNHET
UTMANINGAR
SÄKERHET
ÖVERRASKANDE
FÖRBEREDELSE
GLÄDJE
VÄNNER

32 - Circus

```
M U W B T J T N A F E L E T
Y A N K H T T Ä G U B E B I
T U G T F N E E L R G V A G
S K A I N O J E L T M A L E
O L J O N G L Ö R A Å P L R
K D R D B D I O U B S A O M
I G K A Y C B Z J O K D N L
S M D R K K L L D R Å O G F
U R M A O L B D R K D I E X
M J F P J U L J Z A A N R D
A X M V L N W O L C R N Y R
G O D I S C L U R A E C R M
U I O J G R S A J T W A M V
U N D E R H Å L L A D P M H
```

APA	MAGI
AKROBAT	MUSIK
BALLONGER	ELEFANT
CLOWN	PARAD
DJUR	GODIS
TROLLKARL	TÄLT
JONGLÖR	TIGER
BILJETT	ÅSKÅDARE
KOSTYM	LURA
LEJON	UNDERHÅLLA

33 - Restaurant #2

```
S  I  S  Y  C  G  V  R  P  G  Y  H  R  E
O  A  C  T  R  D  A  L  L  A  S  I  M  E
P  N  W  K  O  A  T  W  G  G  Z  G  Y  J
P  R  E  U  D  L  T  T  H  G  J  Y  R  E
A  Y  N  R  D  R  E  K  C  Ä  L  Y  S  S
N  Z  A  F  Y  E  N  U  N  D  E  K  S  N
K  A  K  A  R  K  S  B  U  A  F  C  C  F
M  S  W  B  K  A  A  E  L  B  F  Y  J  D
V  S  Z  R  N  S  B  W  R  I  A  R  P  V
S  W  A  W  I  N  X  E  J  V  G  D  L  W
K  A  I  L  K  Ö  C  N  F  T  I  V  L  T
F  I  S  K  T  R  A  L  D  U  N  T  A  Y
O  H  N  V  W  G  M  I  D  D  A  G  Ö  T
E  B  W  Y  R  V  T  K  C  H  R  P  C  R
```

KAKA	NUDLAR
MIDDAG	SERVITÖR
DRYCK	SALLAD
ÄGG	SOPPA
FRUKT	KRYDDOR
GRÖNSAKER	STOL
LÄCKER	FISK
IS	GAFFEL
SKED	VATTEN
LUNCH	SALT

34 - De Media

```
X  B  B  Y  D  L  I  K  S  N  E  S  P  N
C  N  E  G  I  I  R  T  S  U  D  N  I  G
S  T  H  P  T  M  G  I  R  Y  V  O  R  X
B  U  G  N  I  R  E  I  S  N  A  N  I  F
N  Ä  T  V  E  R  K  U  T  M  J  N  L  Å
T  I  D  N  I  N  G  V  T  A  G  A  F  S
T  I  D  N  I  N  G  A  R  G  L  T  P  I
O  F  F  E  N  T  L  I  G  O  Å  M  V  K
U  T  B  I  L  D  N  I  N  G  M  V  G  T
U  P  P  K  O  P  P  L  A  D  Y  U  A  N
P  G  K  J  I  S  N  A  T  A  I  W  X  V
O  A  B  X  D  L  E  K  K  X  V  H  K  H
B  K  W  H  A  K  O  O  A  U  V  Y  E  H
O  T  R  I  R  J  C  L  F  M  U  V  J  U
```

ANNONS   ÅSIKT
DIGITAL   NÄTVERK
UTGÅVA   UTBILDNING
FAKTA   UPPKOPPLAD
FINANSIERING   OFFENTLIG
ENSKILD   RADIO
INDUSTRI   TV
TIDNINGAR   TIDNING
LOKAL

35 - Bijen

```
M L O K H C Y M A T P D M Y
E Å V A X M P R Y K O V I U
T J N E L L O P N U L O S J
D R Å G D Ä R T V R L B L I
L U K G F X J S J F I L L N
R K X U R A G N I V N O I S
B L O M M A L R S U A M V E
B H O N U N G D K S T M S K
Y I F W H G S I G Ö O O M T
M F K R Z B V S A J R R I O
R I G U B V Ä R L D M H L X
C F T B P D R A H U J O J L
E H N O U A M N U Y I R Ö M
K P M V Ä L G Ö R A N D E I
```

POLLINATOR	RÖK
BIKUPA	POLLEN
BLOMMOR	TRÄDGÅRD
BLOMMA	VINGAR
MÅNGFALD	MAT
FRUKT	VÄLGÖRANDE
LIVSMILJÖ	VAX
HONUNG	SOL
INSEKT	SVÄRM

36 - Wandelen

```
S  E  L  V  D  I  P  K  B  S  I  O  D  F
M  T  A  M  I  L  K  Y  L  T  S  D  J  Ö
Z  Ö  Ö  F  D  L  R  D  P  E  M  C  U  R
E  M  F  V  U  X  D  W  I  N  V  J  R  B
A  P  P  I  L  K  V  G  O  A  B  K  I  E
I  P  A  K  O  A  T  H  G  R  E  B  R  R
P  O  E  O  S  K  R  E  K  R  A  P  I  E
V  T  O  R  I  E  N  T  E  R  I  N  G  D
I  T  H  E  U  T  U  N  G  N  U  D  N  E
L  Ö  Z  K  K  T  A  N  Z  P  H  D  I  L
D  R  V  S  V  A  A  V  L  T  I  R  P  S
I  T  J  I  C  D  R  N  M  Y  G  G  M  E
G  H  R  R  R  E  U  T  U  Y  N  A  A  O
N  R  V  A  T  T  E  N  A  J  P  E  C  C
```

BERG	NATUR
DJUR	ORIENTERING
RISKER	PARKER
KARTA	STENAR
CAMPING	TOPPMÖTE
KLIPPA	FÖRBEREDELSE
KLIMAT	VATTEN
STÖVLAR	VILD
TRÖTT	SOL
MYGG	TUNG

37 - Ecologie

```
Ö  J  L  I  M  S  V  I  L  F  C  H  M  K
C  V  Z  C  Y  W  Y  F  H  N  I  Å  Z  L
R  W  E  G  I  L  R  U  T  A  N  L  B  I
T  O  I  R  R  Ä  K  T  U  U  J  L  Z  M
T  D  K  E  L  A  B  O  L  G  W  B  S  A
R  W  T  B  N  E  L  L  Ä  H  M  A  S  T
F  O  T  Z  I  B  V  G  O  T  T  R  A  M
R  L  J  H  R  M  I  N  Z  G  E  E  N  Ä
Y  B  O  E  A  R  P  R  A  S  U  T  U  N
G  D  P  R  M  X  B  X  K  D  W  X  A  G
P  I  D  C  A  P  U  D  R  M  M  Ä  F  D
M  Å  N  G  F  A  L  D  O  P  B  V  L  P
P  H  F  W  L  P  I  M  T  N  A  T  U  R
V  E  G  E  T  A  T  I  O  N  P  W  F  F
```

BERG	MARIN
MÅNGFALD	KÄRR
TORKA	NATUR
HÅLLBAR	NATURLIG
FAUNA	ÖVERLEVNAD
FLORA	VÄXTER
SAMHÄLLEN	ART
GLOBAL	MÄNGD
LIVSMILJÖ	VEGETATION
KLIMAT	

38 - Landen #1

```
E N M D V H V B Y N A K R S
W P A N A M A R F I A A O S
S U N A D A N A K C N M L U
E E E L I H C S A A O B F V
Y T G K P K X I R R Z O O F
S T R S D U C L I A Z D R A
P E O Y K D H I O G D J U E
N O N T A V U E K U N A M G
K X L E B K I N C A A R Ä Y
U I R E G W I S O H L D N P
M N E I N A P S R C T O I T
L I B Y E N L B A A T G E E
B E L G I E N J M A E X N N
G I T A L I E N L K L L O D
```

BELGIEN   LETTLAND
BRASILIEN   LIBYEN
KAMBODJA   MAROCKO
KANADA   NICARAGUA
CHILE   NORGE
TYSKLAND   PANAMA
EGYPTEN   POLEN
IRAK   RUMÄNIEN
ISRAEL   SENEGAL
ITALIEN   SPANIEN

39 - Installaties

```
V E G E T A T I O N D Ä R T
R J B I B R X M O S S A X G
O J Y T Ö O C O Z Ä K D L M
T R R D N L T V K R W B V B
A V W S A F R F J G A V C J
K E X L Y A Ä L Ö V V E R K
M A M M O L B E I R F V J T
B E K U K N X S V H Y E O R
W Z U T B G V D Ö R T B M Ä
B N E S U L M Ö P G S A O D
D U H O A S F G P D K M G G
M W S V H K I N A T O B E Å
Y X B K N D R Y B K G U P R
X W I C E M U R G R Ö N A D
```

BAMBU	GRÄS
BÄR	MURGRÖNA
BLAD	ÖRT
BLOMMA	GÖDSEL
TRÄD	MOSSA
BÖNA	BOTANIK
SKOG	BUSKE
KAKTUS	TRÄDGÅRD
FLORA	VEGETATION
LÖVVERK	ROT

40 - Oceaan

```
C  Z  I  T  M  A  N  E  T  D  I  V  B  S
D  I  S  L  I  L  L  W  S  E  X  T  L  K
S  X  R  A  C  D  V  X  E  L  W  P  Ä  Ö
T  J  E  S  H  E  V  J  J  F  J  F  C  L
O  R  G  X  J  A  H  A  L  I  I  S  K  D
R  K  S  I  F  L  A  V  T  N  W  B  F  P
M  R  S  H  J  G  R  E  D  T  J  Å  I  A
W  A  O  I  X  E  Ä  R  W  G  E  T  S  D
G  B  B  W  F  R  K  K  S  S  Z  N  K  D
D  B  G  B  Z  N  A  V  O  Y  P  L  W  A
U  A  O  S  T  R  O  N  G  R  M  X  A  E
S  J  E  Z  M  H  J  T  R  P  A  H  A  D
Å  X  E  K  O  A  O  V  K  H  V  L  X  G
L  Z  E  N  K  X  O  B  M  T  S  J  L  L
```

ÅL	BLÄCKFISK
ALGER	OSTRON
BÅT	REV
DELFIN	SKÖLDPADDA
RÄKA	SVAMP
TIDVATTEN	STORM
HAJ	TONFISK
KORALL	FISK
KRABBA	VAL
MANET	SALT

41 - Landen #2

```
J  S  Y  H  M  K  C  T  T  P  N  U  N  N
A  A  A  F  B  E  Y  B  X  E  E  G  E  D
F  D  P  E  A  V  X  F  P  D  P  Y  D  S
X  U  L  A  Y  D  A  I  S  Y  A  L  A  M
K  W  I  M  N  M  M  Z  C  T  L  L  N  S
R  G  R  E  K  L  A  N  D  O  F  A  I  O
A  Y  F  R  A  N  K  R  I  K  E  O  G  M
M  N  S  S  Y  R  I  E  N  C  H  S  E  A
N  E  I  S  E  N  O  D  N  I  X  D  R  L
A  T  H  Y  L  L  I  B  A  N  O  N  I  I
D  T  A  C  W  A  I  R  E  B  I  L  A  A
K  E  N  Y  A  U  N  E  I  P  O  I  T  E
U  G  A  N  D  A  E  D  N  A  L  R  I  Z
H  A  C  H  X  U  K  R  A  I  N  A  G  V
```

DANMARK	LIBERIA
ETIOPIEN	MALAYSIA
FRANKRIKE	MEXICO
GREKLAND	NEPAL
IRLAND	NIGERIA
INDONESIEN	UGANDA
JAPAN	UKRAINA
KENYA	RYSSLAND
LAOS	SOMALIA
LIBANON	SYRIEN

42 - Bloemen

```
V C T U L P A N Y N S K D M
F K U G M A X J I I O K M A
P S V A L A C N T F L V X G
P S O R K S A M T L R K Y N
R P É D I K R O E I O X L O
P Å J E S C N U K L S L I L
L S A N U J A M U A Y E L I
U K S I K R O N B L A D J A
M L M A S V E I X B X N A L
E I I Y I A A V K Y W E W P
R L N Y B L A L Ö G D V V I
I J A D I O X L L L M A W O
A A Z X H I F N M M K L N N
T U S E N S K Ö N A O A A G
```

KRONBLAD	MAGNOLIA
BUKETT	PÅSKLILJA
GARDENIA	ORKIDÉ
HIBISKUS	MASKROS
JASMIN	VALLMO
KLÖVER	PION
LAVENDEL	PLUMERIA
LILJA	TULPAN
LILA	SOLROS
TUSENSKÖNA	

43 - Huisdieren

```
A  D  D  A  P  D  L  Ö  K  S  K  A  T  T
H  J  U  O  L  T  L  O  U  N  K  N  D  T
S  F  A  K  A  N  I  N  V  A  P  S  K  P
Y  H  D  P  V  W  M  F  X  V  M  A  L  R
V  A  T  T  E  N  U  T  C  S  B  M  O  M
K  Y  V  H  R  E  S  K  R  A  G  E  R  L
I  V  X  U  U  P  A  P  E  G  O  J  A  P
C  P  J  R  Ä  N  I  R  E  T  E  V  H  M
A  P  O  A  P  L  D  X  K  A  I  O  A  V
Ö  D  L  A  C  N  J  P  W  S  I  U  M  U
M  C  S  I  W  X  P  L  J  S  I  M  S  B
H  A  F  P  H  D  J  R  G  A  O  F  T  R
B  W  T  L  V  J  G  C  E  R  W  M  E  G
K  A  T  T  U  N  G  E  T  U  Y  B  R  D
```

VETERINÄR	KRAGE
GET	MUS
ÖDLA	PAPEGOJA
HAMSTER	TASSAR
HUND	VALP
KATT	SKÖLDPADDA
KATTUNGE	SVANS
KLOR	FISK
KO	MAT
KANIN	VATTEN

44 - Landschappen

```
V H K A V G R E B S I D P F
A A S W N E K Ö O H A L V Ö
T V Ä J T J A U N A Y S K G
T J R C Ö S K X L O S T H O
E Ö T B L E S U U L X R Z F
N C D X A R D N U T E A H S
F D S P T Ä O K P T V N U X
A L S B T I L M R U Y D P C
L V T E O C F M G P D R P J
L R B R R A N U H H N R Y I
Y A H G G L L M W X A W H P
K G O L F G K C W N O V V V
K Y B F L H R A D A L V T Z
V U L K A N W Y J G C L R W
```

BERG	FLOD
GEJSER	HALVÖ
GLACIÄR	STRAND
GOLF	TUNDRA
GROTTA	DAL
KULLE	VULKAN
ISBERG	VATTENFALL
SJÖ	ÖKEN
TRÄSK	HAV
OAS	

45 - Tuin

```
U T C K T S G J P X C F K G
X X S N R K B A M M O L B F
A T V M A Y U O R P B Z P F
T J P P M F S O D A C K K T
T R X A P F K F C A G X K V
A T Ä A O E E H F T M E Y Y
M T T D L L N D S T A K E T
S B E N I M S R A A E N C D
Ä G R A N I V Å S M Y Ä R W
R R R R A D R G F G M B S K
G Ä A E U P U D Ä N J J L N
W S S V X M C Ä R Ä S C A V
M K S Ä R G O R J H X C N Z
K E L U O S B T X J U Y G K
```

BÄNK	OGRÄS
BLOMMA	SKYFFEL
TRÄD	SLANG
GARAGE	BUSKE
GRÄSMATTA	TERRASS
GRÄS	TRAMPOLIN
HÄNGMATTA	TRÄDGÅRD
RÄFSA	VERANDA
STAKET	DAMM

46 - Beroepen #2

```
L  L  I  L  L  U  S  T  R  A  T  Ö  R  L
E  Ä  Ä  U  P  P  F  I  N  N  A  R  E  I
K  Z  K  R  E  F  A  R  G  O  T  O  F  N
W  H  U  A  A  B  O  W  F  F  S  D  V  G
Z  S  Y  Y  R  R  E  I  O  I  I  E  N  V
B  O  N  D  E  E  E  D  R  L  L  T  X  I
I  E  Z  L  E  N  A  C  S  O  A  E  S  S
M  B  G  R  U  R  I  K  K  S  N  K  X  T
A  Å  O  P  G  F  C  R  A  O  R  T  I  Z
A  C  L  Z  I  R  D  U  R  F  U  I  X  O
L  Z  O  A  I  D  H  P  E  I  O  V  D  O
E  A  I  I  R  I  N  G  E  N  J  Ö  R  L
M  A  B  S  H  E  P  I  L  O  T  S  I  O
T  T  A  N  D  L  Ä  K  A  R  E  T  V  G
```

LÄKARE	JOURNALIST
BIOLOG	LÄRARE
BONDE	LINGVIST
KIRURG	FORSKARE
DETEKTIV	PILOT
FILOSOF	MÅLARE
FOTOGRAF	TANDLÄKARE
ILLUSTRATÖR	UPPFINNARE
INGENJÖR	ZOOLOG

47 - Dagen en Maanden

```
L O N O K F R E D A G J M C
K G I P K J Å A W K W R Å C
G A D S I T A U N C I Z N O
T D L L S G O N D E B G A X
O R O E A A D B U V U W D B
R Ö K F N S S T E A M A R S
S L C G A D S N O R R J S Y
D H R E B M E T P E S I Ö M
A J U N I X M R M B T L N D
G M A U G U S T I M T U D A
F E B R U A R I W E U J A Y
K U I M Å N D A G V T Z G V
W C T O E W M G L O E U A B
K J T I L N T J E N B Y D U
```

AUGUSTI
TISDAG
TORSDAG
FEBRUARI
ÅR
JANUARI
JULI
JUNI
KALENDER
MÅNAD

MÅNDAG
MARS
NOVEMBER
OKTOBER
SEPTEMBER
FREDAG
VECKA
ONSDAG
LÖRDAG
SÖNDAG

48 - Mode

```
B M I N I M A L I S T I S K
J L T R E N D T T U P R L N
E A Y B W U L W M E Z C P T
V N L G K F Y G A G X K Y A
Y I B Y S A O P O H M T U E
X G Y T R A P P A N K N U R
D I K D S U M Ä V K E B Y R
E R E D Ä L K M Z H H T I F
L O T D E I N M K S H S R E
E O M Y O T Y M Ö N S T E R
G F H R R S W D X M J E D B
A V P N D R Ä V S I R P O H
N R E D O M E N K E L S R U
T C P R A K T I S K W B B Z
```

BLYGSAM
PRISVÄRD
BRODERI
BEKVÄM
DYR
ENKEL
ELEGANT
SPETS
KLÄDER
KNAPPAR

MINIMALISTISK
MODERN
ORIGINAL
MÖNSTER
PRAKTISK
STIL
TYG
TEXTUR
TREND

49 - Menselijk Lichaam

```
D  U  V  U  H  Z  F  W  T  M  Z  R  B  K
E  K  Y  U  W  A  G  N  U  T  A  E  J  Ä
L  G  H  S  J  W  K  S  M  A  T  G  D  K
T  B  G  A  X  E  L  A  V  D  R  N  E  E
O  Z  H  J  Ä  R  N  A  H  X  Ä  I  G  F
F  H  R  B  E  N  U  U  O  O  J  F  Å  Y
Y  R  G  S  T  M  M  L  U  Ö  H  M  B  H
H  D  B  X  J  E  O  R  V  R  H  B  M  H
K  R  R  I  R  N  Ä  S  A  A  X  R  R  N
N  N  I  Z  F  F  L  L  M  S  A  E  A  J
X  X  Ä  I  L  K  G  A  O  W  X  C  B  P
F  M  E  N  W  Z  G  H  H  A  N  D  F  G
V  R  Y  P  D  Y  T  E  R  L  J  C  G  F
U  N  B  L  O  D  U  H  O  G  J  L  X  F
```

BEN	HAKA
BLOD	KNÄ
ARMBÅGE	MAGE
FOTLED	MUN
HAND	HALS
HJÄRTA	NÄSA
HJÄRNA	ÖRA
HUVUD	AXEL
HUD	TUNGA
KÄKE	FINGER

50 - Energie

```
M  F  Z  A  N  E  P  F  K  I  D  D  I  B
O  V  L  G  N  I  N  E  R  O  R  Ö  F  E
T  U  X  N  O  P  V  L  D  C  L  F  A  N
O  K  Z  Å  T  O  Ä  S  I  B  H  Ö  K  S
R  G  T  D  O  R  R  N  G  A  V  R  K  I
B  P  B  V  F  T  M  Ä  K  T  E  N  Ä  N
C  Ö  I  P  R  N  E  R  V  T  S  Y  R  O
L  J  V  R  C  E  P  B  R  E  T  B  N  R
E  L  E  K  T  R  I  S  K  R  U  A  K  T
S  I  V  T  J  S  F  I  P  I  R  R  R  K
E  M  C  Ä  T  S  U  Y  U  F  B  S  A  E
I  B  D  H  T  C  L  D  Y  G  I  R  F  L
D  N  I  V  V  E  X  Z  N  I  N  G  T  E
D  D  T  T  R  Y  B  O  K  I  W  B  H  G
```

BATTERI	KOL
BENSIN	MOTOR
BRÄNSLE	KÄRNKRAFT
DIESEL	MILJÖ
ELEKTRISK	ÅNGA
ELEKTRON	TURBIN
ENTROPI	FÖRORENING
FOTON	VÄRME
FÖRNYBAR	VÄTE
INDUSTRI	VIND

51 - Familie

```
N H D O Y G W M C E X B U T
L F O B M E L O R T R C M D
I A T U O C F R Z E H X D N
T R T F N R A B N O K S Y S
V E E A B J O A X N R A H B
I T R D R G I R X A E N M M
L S O E O R O N B J D F R O
L Y R R R B I B J M A B E R
I S T L S A W A F T F F B M
N F L I O R C R A F R A F O
G N R G N N U N M B Ö Y X R
A Z B U M O S T E R F Z A W
R B A R N D O M S C Y O B A
A L I H P I F A R B R O R E
```

BROR	FARBROR
DOTTER	FARFAR
MORMOR	MOSTER
BARNDOM	TVILLINGAR
BARN	FAR
BARNBARN	FADERLIG
MAKE	FÖRFADER
MOR	FRU
BRORSON	SYSTER
SYSKONBARN	

52 - Gebouwen

```
T O R N V M H F W A A S A J
L P I Y W U N O K U C L M Z
A M U B C I F A T T Z O B X
B J L K I R B A F E U T A Z
O D H X A O H V M I L T S R
R I A G U T S R S P L L S L
A N D K M A T A F F Ä R A Ä
T M A G T V L I N D U E D G
O U L Å T R Ä O N K N T N E
R S O R L E T S K P X A M N
I E V D T S E X A S W E X H
U U Y D I B R I N B C T N E
M M B Y J O S T A D I O N T
U N I V E R S I T E T S C C
```

AMBASSAD	OBSERVATORIUM
LÄGENHET	SKOLA
BIO	LADA
GÅRD	STADION
STUGA	MATAFFÄR
FABRIK	TÄLT
HOTELL	TEATER
SLOTT	TORN
LABORATORIUM	UNIVERSITET
MUSEUM	

53 - Kunst

```
O  L  U  I  S  E  O  P  F  S  E  S  M  K
V  R  U  H  N  L  W  N  I  Y  N  Y  Å  A
I  Ö  I  O  F  S  O  G  G  Y  K  M  L  V
S  M  U  G  G  J  P  B  U  E  E  B  N  P
U  U  X  P  I  C  J  I  R  R  L  O  I  G
E  H  G  I  L  N  O  S  R  E  P  L  N  U
L  K  H  M  R  A  A  M  H  E  M  C  G  T
L  T  X  G  Ä  B  F  L  J  S  R  S  A  T
S  U  R  R  E  A  L  I  S  M  H  A  R  R
S  K  I  L  D  R  A  C  F  H  M  P  D  Y
P  G  H  Ä  S  K  U  L  P  T  U  R  B  C
L  M  K  I  M  A  R  E  K  Z  C  U  T  K
A  C  Z  X  S  N  W  R  T  S  K  A  P  A
R  I  U  M  N  X  E  L  P  M  O  K  A  T
```

SKULPTUR	ORIGINAL
KOMPLEX	PERSONLIG
SKAPA	POESI
ENKEL	SKILDRA
ÄRLIG	MÅLNINGAR
FIGUR	SURREALISM
INSPIRERAD	SYMBOL
HUMÖR	UTTRYCK
KERAMIK	VISUELL
ÄMNE	

54 - Beroepen #1

```
D  G  B  I  I  B  L  K  V  E  J  A  P  J
N  A  H  C  N  G  Ä  Ä  E  T  U  P  S  Ä
I  P  N  L  E  I  K  R  T  R  V  O  Y  G
R  X  K  S  R  E  A  T  E  E  E  T  K  A
E  Ö  E  O  A  L  R  O  R  D  L  E  O  R
K  B  R  O  A  R  E  G  I  A  E  K  L  E
I  A  A  M  G  W  E  R  N  K  R  A  O  A
S  N  T  T  O  P  I  A  Ä  T  A  R  G  S
U  K  T  A  L  K  I  F  R  Ö  R  E  J  T
M  I  O  K  O  O  A  A  G  R  E  O  M  R
X  R  R  O  E  R  D  R  N  R  N  M  P  O
A  P  D  V  G  J  U  H  E  I  V  N  O  N
Z  M  I  D  E  H  T  Y  G  W  S  F  K  O
A  M  B  A  S  S  A  D  Ö  R  P  T  T  M
```

ADVOKAT	LÄKARE
AMBASSADÖR	REDAKTÖR
APOTEKARE	GEOLOG
ASTRONOM	JÄGARE
IDROTTARE	JUVELERARE
BANKIR	RÖRMOKARE
KARTOGRAF	MUSIKER
DANSARE	PIANIST
VETERINÄR	PSYKOLOG

55 - Antarctica

```
E O V I F A R G O E G M T K
D B N S I I B Z L T V I O O
N P I N G V I N E R U N P N
A R U T A R E P M E T E O T
R N E T T A V H F J P R G I
A S E R A K S R O F B A R N
V O V P Ä G K E R D A L A E
E X P E D I T I O N H E F N
B R Ö A R G C X O Z H R I T
V I K N O I T A R G I M M E
M O L N Z N Ö V L A H D I Y
C R A D F E O C L G H G L G
V F G N B T D R P T R Z J F
T E R O M S C P C B E G Ö P
```

VIK	MILJÖ
BEVARANDE	FORSKARE
KONTINENT	PINGVINER
ÖAR	STENIG
EXPEDITION	HALVÖ
GEOGRAFI	TEMPERATUR
GLACIÄRER	TOPOGRAFI
IS	VATTEN
MIGRATION	MOLN
MINERALER	

56 - Ballet

```
S Y V C L F A V Ö T R O G O
H L Y Y U B P G X S Y R E C
A L P L M W P U R T T S W
P U B L I K L O E A M E T S
R F H R E I Å Y T N C T E L
E S M C E S D Z S I W I M P
P K U K J U E T E R K S Ö L
E C S U J M R I K E E N P S
T Y K I N K E T R L C E H T
I R L E L M Y P O L I T S I
T T E B U D C E R A S N A D
I T R M C W B I G B L I F H
O U W K O N S T N Ä R L I G
N K O R E O G R A F I B C Z
```

APPLÅDER
KONSTNÄRLIG
BALLERINA
KOREOGRAFI
DANSARE
UTTRYCKSFULL
GEST
INTENSITET
MUSIK

ORKESTER
ÖVA
PUBLIK
REPETITION
RYTM
GRACIÖS
MUSKLER
STIL
TEKNIK

57 - Fruit

```
W E T C D S A N A N A M K D
T H P R I P V N I I Y E I I
I I Z Z Z T U F O Z O L W B
F J S S R V R Ä B X S O I E
M A N G O M D O C R A N F U
K B R T J K Ä P N A N A B A
P Ä R O N V O P P A P A Y A
A V O K A D O K P R H K S A
V T A V K C P N O L L A H U
Y P Z X I C R U Z U E F B T
A P E L S I N A P R I K O S
D T X E R Ä B S R Ö K I B E
G L R M E K N E K T A R I N
G S X N P P L O M M O N I M
```

APRIKOS
ANANAS
ÄPPLE
AVOKADO
BANAN
BÄR
CITRON
DRUVA
HALLON
KÖRSBÄR

KIWI
KOKOS
MANGO
MELON
NEKTARIN
APELSIN
PAPAYA
PÄRON
PERSIKA
PLOMMON

58 - Engineering

```
D  S  T  Y  R  K  A  K  S  F  N  M  M  D
X  I  D  I  A  M  E  T  E  R  S  I  Ä  J
F  F  A  E  N  E  R  G  I  N  L  F  T  U
U  R  J  G  N  I  N  K  Ä  R  E  B  N  P
R  N  A  T  R  V  U  T  V  M  Z  H  I  D
R  A  C  M  G  A  C  M  Ä  O  J  N  N  O
U  Ö  C  J  D  A  M  W  T  T  X  B  G  W
T  Y  R  O  U  R  C  L  S  O  P  U  N  A
K  N  L  E  S  E  I  D  K  R  O  O  Z  G
U  T  E  H  L  L  S  V  A  A  F  I  Y  F
R  M  X  N  E  S  S  G  N  I  K  S  A  M
T  X  A  U  O  L  E  K  N  I  V  S  L  I
S  T  A  B  I  L  I  T  E  T  N  M  K  C
R  O  T  A  T  I  O  N  B  X  V  G  V  X
```

AXEL	STYRKA
BERÄKNING	MASKIN
RÖRELSE	MÄTNING
DIAGRAM	MOTOR
DIAMETER	ROTATION
DJUP	STABILITET
DIESEL	STRUKTUR
ENERGI	VÄTSKA
VINKEL	FRAMDRIVNING

59 - Literatuur

```
D  F  K  U  U  E  R  A  T  T  Ä  R  E  B
S  I  Ö  M  J  K  S  I  T  E  O  P  W  I
T  I  A  R  A  T  O  D  K  E  N  A  L  O
I  P  N  L  F  I  O  V  I  L  M  N  S  G
L  L  Z  G  O  A  W  S  D  F  I  A  L  R
K  R  C  A  S  G  T  Y  Y  R  R  M  U  A
A  N  A  L  O  G  I  T  W  M  I  O  T  F
T  R  A  G  E  D  I  W  A  S  A  R  S  I
U  R  A  N  A  L  Y  S  N  R  K  K  A  R
N  G  N  I  N  V  I  R  K  S  E  B  T  Y
J  Ä  M  F  Ö  R  E  L  S  E  I  B  S  T
M  E  T  A  F  O  R  R  Å  S  I  K  T  M
I  U  W  K  N  A  G  F  T  E  K  A  N  S
M  V  K  C  D  L  K  C  I  V  V  U  V  D
```

ANALOGI	BESKRIVNING
ANALYS	POETISK
ANEKDOT	RIM
FÖRFATTARE	RYTM
BIOGRAFI	ROMAN
SLUTSATS	STIL
DIALOG	TEMA
DIKT	TRAGEDI
ÅSIKT	JÄMFÖRELSE
METAFOR	BERÄTTARE

60 - Boeken

```
S  V  J  K  S  I  T  S  I  R  O  M  U  H
V  A  D  I  S  I  D  B  D  O  C  K  L  S
I  Y  M  X  N  J  R  U  E  M  F  A  V  Z
R  T  C  M  D  I  K  T  P  A  N  R  F  F
K  F  H  H  A  M  N  B  I  N  Z  A  F  Ö
S  E  N  M  B  N  K  E  S  W  B  K  O  R
P  O  E  S  I  X  H  R  K  O  N  T  S  F
U  A  T  E  T  I  L  A  U  D  T  Ä  A  A
Ä  V  E  N  T  Y  R  S  N  S  R  R  M  T
A  L  T  A  V  E  W  Ä  S  G  A  L  L  T
B  E  R  Ä  T  T  E  L  S  E  G  A  I  A
H  I  S  T  O  R  I  S  K  F  I  S  N  R
R  E  L  E  V  A  N  T  I  L  S  K  G  E
G  V  L  I  T  T  E  R  Ä  R  K  D  J  Z
```

FÖRFATTARE	HUMORISTISK
ÄVENTYR	KARAKTÄR
SIDA	LÄSARE
SAMLING	LITTERÄR
SAMMANHANG	POESI
DUALITET	RELEVANT
EPISK	ROMAN
DIKT	TRAGISK
SKRIVS	BERÄTTELSE
HISTORISK	

61 - Meer Informatie

```
T  E  R  A  T  O  B  O  R  K  N  Z  N  L
D  L  E  Ä  I  L  L  U  S  I  O  N  B  F
T  D  A  I  N  O  I  S  O  L  P  X  E  L
E  Y  L  K  S  I  T  S  A  T  N  A  F  G
K  S  I  T  V  B  G  P  L  A  N  E  T  A
N  T  S  Z  R  I  M  A  N  B  L  I  J  L
I  O  T  A  G  O  U  D  M  A  F  G  L  A
K  P  I  F  J  E  G  P  Y  I  W  A  C  X
E  I  S  S  R  A  X  E  O  R  A  K  E  L
Y  A  K  I  J  B  P  L  N  N  R  L  T  O
V  U  T  O  P  I  B  Ö  C  K  E  R  S  L
G  H  N  E  X  T  R  E  M  M  Z  W  T  Y
Y  M  Y  S  T  I  S  K  V  Ä  R  L  D  M
S  C  E  N  A  R  I  O  C  Z  I  K  V  T
```

BIO	MYSTISK
BÖCKER	ORAKEL
ELD	PLANET
IMAGINÄR	REALISTISK
DYSTOPI	ROBOTAR
EXPLOSION	SCENARIO
EXTREM	GALAX
FANTASTISK	TEKNIK
TROGEN	UTOPI
ILLUSION	VÄRLD

62 - Regenwoud

```
D  L  A  F  G  N  Å  M  F  O  U  D  J  I
I  J  F  Å  G  L  A  R  U  M  F  B  N  U
L  L  U  F  E  D  R  Ä  V  C  O  T  M  G
K  S  I  N  A  T  O  B  P  P  U  L  P  E
X  I  N  K  G  I  N  H  E  M  S  K  N  M
T  P  R  J  R  E  I  B  I  F  M  A  T  E
D  T  V  D  W  E  L  L  U  A  K  J  I  N
R  E  S  T  A  U  R  E  R  I  N  G  L  S
Ö  V  E  R  L  E  V  N  A  D  K  J  L  K
Y  C  P  A  U  G  P  U  S  C  L  Y  F  A
X  T  G  R  E  T  K  E  S  N  I  B  L  P
L  X  T  Y  C  B  A  B  O  E  M  M  Y  G
R  E  S  P  E  K  T  N  M  S  A  B  K  R
B  E  V  A  R  A  N  D  E  I  T  G  T  S
```

AMFIBIER	NATUR
BEVARANDE	ÖVERLEVNAD
BOTANISK	RESPEKT
MÅNGFALD	RESTAURERING
GEMENSKAP	ART
INHEMSK	TILLFLYKT
INSEKTER	FÅGLAR
DJUNGEL	VÄRDEFULL
KLIMAT	MOLN
MOSSA	

63 - Haartypes

```
S D F Ä R G A D V F L M M H
H K T X R A N H M R L J K L
Z C A Y O M X Å H I O U G L
Z O I L T R O K L S C K C O
E J L K P T W E F K K S A C
I T S K A L L I G A I D S K
T Z O H N F O D F F G S P A
B J O J R X T L C S T V K R
M L Z A E G D X Å E G A R E
V V O T U N N U R B H R K V
I U W N V Å G I G D P T I L
T U I F D A T Ä L F F S M I
M M E O O H N Y Z D U W J S
M W T Z M E V V E B Z R M O
```

BLOND	SKALP
BRUN	SKALLIG
TJOCK	KORT
TORR	LOCKAR
TUNN	LOCKIGT
FÄRGAD	LÅNG
FLÄTAD	VIT
FRISKA	MJUK
VÅGIG	SILVER
GRÅ	SVART

64 - Stad

```
S E T A T W C R U G K X S H
O N Y L E D N A H K O B T O
R R B O A G G M R Z O G A T
B A N K T E G T D T Z O D E
U R L S E R V U Y G N U I L
S E T W R Ä F F A T A M O L
L U N I V E R S I T E T N M
A P O T E K Z K V I B G T U
U M M I H K I L U R V W B S
Y B P K B F S I R E G A B E
L A G R A V P N E L K S A U
M A R K N A D I M L S X T M
N Z O M E N T K A A W D I V
R E S T A U R A N G G A A J
```

APOTEK	MARKNAD
BAGERI	MUSEUM
BANK	RESTAURANG
BIO	SKOLA
BOKHANDEL	STADION
ZOO	MATAFFÄR
GALLERI	TEATER
HOTELL	UNIVERSITET
KLINIK	LAGRA

65 - Creativiteit

```
V Y K K I F V B F J S I C J
I C L Ä N Ä I W U X P J C G
S E A N T R T E H T K Ä F K
I M R S E D A U T T R Y C K
O W H L N I L F A N T A S I
N B E O S G I S P O N T A N
E I T R I H T C A N M T I O
R L E B T E E K E P O Z N I
O D J M E T T Y E W H O T T
H K S I T A M A R D I I R I
K O N S T N Ä R L I G D Y U
I N S P I R A T I O N É C T
S M I D I G H E T X S E K N
K B J Y T K Ä N S L A R I I
```

KONSTNÄRLIG
BILD
DRAMATISK
ÄKTHET
KÄNSLOR
KÄNSLA
KLARHET
IDÉER
INTRYCK
INSPIRATION

INTENSITET
INTUITION
SPONTAN
UTTRYCK
FÄRDIGHET
FANTASI
VISIONER
VITALITET
SMIDIGHET

66 - Natuur

```
F R I S T A D L D J X C T D
F I T D C E V U J J U N R A
W L J D J V F G A V U E O D
D D G Y M G A N I B F R P Z
Y X J K S Z V G U Y L C I P
E R O S I O N B L G O K S K
L E D N A R Ö G V A D K K Ö
D I M M A M D Y U M C S S K
K L A R K T I S K O R I A E
K L I P P O R V F L V M Ä N
L Ö V V E R K S L N B A W R
T J O X S K Ö N H E T N E C
U Z L G A R Y U Y M P Y T S
C W F S J P D Z J C S D W C
```

ARKTISK	DIMMA
BIN	FLOD
SKOG	SKÖNHET
DJUR	SKYDD
DYNAMISK	LUGN
EROSION	TROPISK
LÖVVERK	AVGÖRANDE
GLACIÄR	VILD
FRISTAD	ÖKEN
KLIPPOR	MOLN

67 - Zoogdieren

```
P  R  Ä  R  I  E  V  A  R  G  O  Z  N  K
M  L  U  T  Y  G  A  P  P  T  B  K  M  K
R  Z  W  M  I  E  W  V  G  A  S  Y  R  A
Y  Y  R  O  K  E  K  Ä  P  D  U  B  Z  N
O  A  C  Z  A  G  I  R  A  F  F  L  K  I
Å  T  B  W  T  N  A  F  E  L  E  E  A  N
D  S  D  G  T  B  Ä  V  E  R  H  J  M  V
E  Ä  N  T  J  U  R  I  C  K  S  O  E  K
L  H  U  A  R  N  S  R  T  Ä  S  N  L  W
F  W  H  H  N  E  G  E  T  N  Y  E  G  F
I  O  C  J  V  C  F  H  I  G  Z  A  V  V
N  H  W  A  K  J  E  M  U  U  A  G  A  F
S  E  Z  X  J  A  L  L  I  R  O  G  R  R
N  U  N  J  C  N  F  E  G  U  K  P  G  R
```

APA	KÄNGURU
BÄVER	KATT
PRÄRIEVARG	KANIN
DELFIN	LEJON
ÅSNA	ELEFANT
GET	HÄST
GIRAFF	TJUR
GORILLA	RÄV
HUND	VAL
KAMEL	VARG

68 - Overheid

```
K J R Ä T T I G H E T E R G
I O Ä C W D A O Z V E R R M
J C N M X O O B H I H Ä Ä E
W N P S L S K S X S I T T D
C O K I T I L O P R R T T B
L I T J O I K F Z L F V S O
M T V B A W T H J E P I L R
I A G I F W Z U E Z M S I G
I N S O L A T L T T T A G A
O D C P L L E N O I T A N R
D I S K U S S I O N O X M S
S Y M B O L L H Y Z K N V K
D E M O K R A T I S T A T A
D O E R A D E L A G S S T P
```

MEDBORGARSKAP	NATION
CIVIL	NATIONELL
DEMOKRATI	POLITIK
DISKUSSION	RÄTTIGHETER
JÄMLIKHET	STAT
RÄTTSLIG	SYMBOL
RÄTTVISA	TAL
KONSTITUTION	FRIHET
LEDARE	LAG

69 - Voertuigen

```
R A K E T A M B U L A N S U
L A S T B I L H B M R Y B Z
L I M L V A D C J J L A C F
O D R R E T P O K I L E H Ä
F L O T T E A U B Å T N O R
H I T D M Y T X D D O C T J
Y B O A N G S I I V T K S A
G H M B A N A B L E N N U T
C A L Å L G Å T I M M R I N
B Y P T P A K W P D Z E P G
A D K F G V B T R A K T O R
O Y C E Y S Y U Z F E O M V
D X Ä I L U B Z S Z C K R Y
I F D U F H N I K S Y S A Z
```

AMBULANS	UBÅT
BIL	RAKET
DÄCK	SKOTER
BÅT	TAXI
BUSS	TRAKTOR
HUSVAGN	TÅG
CYKEL	FÄRJA
HELIKOPTER	FLYGPLAN
TUNNELBANA	FLOTTE
MOTOR	LASTBIL

70 - Geografie

```
A T L A S Y T O L K V L A H
B G N U N A Z X T A Ä B Z N
F L O D J Ö H E J K R Ö Y X
N O R R X P V A O I L Z T H
B E R G Z L K Ä C L D M I D
J D H E K F L N S H P E X A
Y L A T R A K A N T P L Y T
O O V R B B P I V X Z C R J
M N X O G T M D O U P N O U
R G H T H D W I M E P W O Z
Å I T A A A D R E D Ö S B V
D T M V O T N E N I T N O K
E U W K S S A M R W W W B U
Z D F E Y O L G K B R K L D
```

ATLAS	MERIDIAN
BERG	NORR
BREDDGRAD	OMRÅDE
KONTINENT	FLOD
EKVATOR	STAD
HALVKLOT	VÄRLD
HÖJD	VÄST
KARTA	HAV
LAND	SÖDER
LONGITUD	

71 - Kunstbenodigdheden

```
A  P  F  I  B  B  W  T  W  Z  R  L  B  Z
K  A  R  E  L  Y  R  K  A  I  P  V  W  A
V  P  U  Y  J  B  I  R  H  G  H  M  B  Z
A  P  O  F  I  I  M  M  U  G  D  D  U  S
R  E  S  T  E  T  I  V  I  T  A  E  R  K
E  R  B  T  A  I  L  F  F  A  T  S  I  C
L  E  O  R  O  B  D  A  Ä  V  E  O  D  Ä
L  G  R  B  N  L  E  T  R  A  F  Z  É  L
E  R  S  C  K  S  B  L  G  T  S  X  E  B
R  Ä  T  H  K  O  Y  O  L  T  P  Z  R  E
O  F  A  R  E  M  A  K  R  E  L  V  M  H
U  L  R  M  A  L  K  Ä  S  N  R  F  P  Z
E  P  J  G  U  I  J  R  O  N  N  E  P  Y
G  Z  B  A  Y  G  V  T  Y  A  B  O  D  M
```

AKRYL	LERA
AKVARELLER	FÄRGER
BORSTAR	LIM
KAMERA	OLJA
KREATIVITET	PAPPER
STAFFLI	PENNOR
SUDDGUMMI	STOL
TRÄKOL	TABELL
IDÉER	FÄRG
BLÄCK	VATTEN

72 - Barbecues

```
N  M  I  S  Å  S  A  Z  M  R  A  V  K  B
E  I  N  N  R  E  G  N  U  H  R  K  Y  A
D  D  M  L  B  L  H  T  S  F  R  H  C  L
M  D  B  F  Y  J  J  L  I  M  A  F  K  L
R  A  P  P  E  P  U  C  K  Y  V  G  L  Ö
A  G  F  T  L  A  S  D  K  K  I  R  I  K
M  X  U  R  Z  U  M  W  A  E  N  I  N  G
M  U  U  D  U  T  N  R  C  N  K  L  G  A
O  D  G  G  W  K  J  C  O  D  B  L  P  F
S  C  I  I  S  T  O  H  B  D  R  O  F  F
A  F  V  S  A  L  L  A  D  E  R  D  F  L
T  G  R  Ö  N  S  A  K  E  R  J  D  T  A
U  X  W  W  I  E  T  O  M  A  T  E  R  R
T  Y  M  L  V  H  N  N  J  S  L  U  I  N
```

MIDDAG	MUSIK
FAMILJ	PEPPAR
FRUKT	SALLADER
GRILL	SÅS
GRÖNSAKER	TOMATER
VARM	LÖK
HUNGER	INBJUDAN
KYCKLING	GAFFLAR
LUNCH	SOMMAR
KNIVAR	SALT

73 - Schoonheid

```
J  L  H  X  D  O  F  T  G  S  T  M  A  M
X  C  H  A  R  M  X  E  A  P  J  A  B  P
R  Y  O  S  D  P  O  E  X  E  Ä  S  D  L
P  R  O  D  U  K  T  E  R  G  N  C  F  Ä
K  U  E  Å  H  E  C  B  Y  E  S  A  K  P
O  O  Z  N  A  D  L  S  M  L  T  R  S  P
T  P  S  T  N  A  G  E  L  E  E  A  S  S
H  M  S  M  I  V  O  K  G  Ä  R  V  T  T
H  A  D  D  E  F  Ä  R  G  A  T  O  Y  I
T  H  J  T  Y  T  H  I  O  I  N  B  L  F
W  C  Y  G  C  B  I  T  C  K  Z  S  I  T
E  S  H  G  J  R  A  K  C  O  L  P  S  G
S  M  I  N  K  E  V  S  A  G  U  N  T  I
F  O  T  O  G  E  N  I  S  K  C  L  H  S
```

CHARM	FÄRG
KOSMETIKA	LOCKAR
TJÄNSTER	LÄPPSTIFT
ELEGANT	MASCARA
ELEGANS	PRODUKTER
FOTOGENISK	SAX
NÅD	SCHAMPO
DOFT	SPEGEL
SLÄT	STYLIST
HUD	SMINK

74 - Wetenschappelijke Discip

```
B K S N Ä R I N G B I T A W
E I G O L O I B R O G E S Y
K M O R C S Z Y E T O R T Y
O O G K X I L P K A L M R W
L T L V E U O H A N A O O G
O A U A Y M D L S I R D N E
G N H M A L I O O K E Y O O
I A M E K A N I K G N N M L
P S Y K O L O G I N I A I O
K E M I G O L O N U M M I G
R O B O T T E K N I K I I I
M E T E O R O L O G I K G O
F Y S I O L O G I K K Y T O
A R K E O L O G I T E I N Z
```

ANATOMI
ARKEOLOGI
ASTRONOMI
BIOKEMI
BIOLOGI
KEMI
EKOLOGI
FYSIOLOGI
GEOLOGI
IMMUNOLOGI

MEKANIK
METEOROLOGI
MINERALOGI
BOTANIK
PSYKOLOGI
ROBOTTEKNIK
SOCIOLOGI
TERMODYNAMIK
NÄRING

75 - Bijvoeglijke Naamwoorden

```
W  J  A  H  X  K  B  O  T  D  I  Z  W  A
X  O  E  P  P  R  E  N  C  Y  A  G  F  U
T  T  Ö  R  T  I  S  Z  W  R  E  N  W  T
N  Y  F  O  W  O  K  G  O  Z  Y  Y  T  E
G  Y  R  D  X  U  R  I  D  G  H  H  N  N
W  V  I  U  S  G  I  R  A  V  S  N  A  T
V  L  S  K  T  I  V  G  V  I  Z  C  S  I
N  H  K  T  A  N  A  N  Å  T  L  A  S  S
V  O  A  I  R  M  N  U  G  A  L  M  E  K
M  I  R  V  K  Ö  D  H  E  E  H  O  R  N
I  G  L  M  M  S  E  N  B  R  S  I  T  Y
S  X  T  D  A  O  P  J  E  K  A  K  N  S
R  Y  P  G  I  L  R  U  T  A  N  H  I  K
D  R  A  M  A  T  I  S  K  X  O  Y  U  E
```

AUTENTISK	NY
BEGÅVAD	NORMAL
BESKRIVANDE	PRODUKTIV
KREATIV	SÖMNIG
DRAMATISK	STARK
FRISKA	STOLT
HUNGRIG	ANSVARIG
INTRESSANT	VILD
TRÖTT	SALT
NATURLIG	REN

76 - Kleding

```
P  Y  Y  D  A  I  Y  H  B  K  J  O  L  F
S  Y  J  A  C  K  A  A  H  Y  I  K  K  Ö
U  T  J  I  H  K  J  L  A  K  X  S  R  R
L  T  R  A  W  Y  Ö  S  L  X  P  O  Z  K
B  A  E  U  M  X  R  B  S  D  M  W  R  L
H  H  L  T  M  A  T  A  D  A  T  J  O  Ä
A  O  A  F  Z  P  S  N  U  R  V  I  C  D
N  E  D  O  M  N  O  D  K  M  B  O  I  E
D  C  N  P  E  U  Y  R  K  B  V  R  I  T
S  P  A  T  R  O  J  K  S  A  W  O  U  L
K  Ä  S  E  Z  L  D  A  C  N  C  Y  U  Ä
A  L  G  M  P  I  D  I  Z  D  N  O  L  B
R  S  J  E  J  F  K  L  Ä  N  N  I  N  G
W  B  K  L  C  U  F  W  O  W  W  N  W  D
```

ARMBAND	PYJAMAS
BLUS	BÄLTE
BYXOR	KJOL
HANDSKAR	SANDALER
HATT	SKO
PÄLS	FÖRKLÄDE
JACKA	SKJORTA
KLÄNNING	HALSDUK
HALSBAND	STRUMPOR
MODE	TRÖJA

77 - Vliegtuigen

```
R  B  H  I  S  T  O  R  I  A  P  L  G  D
I  E  V  R  O  A  E  Ä  K  B  A  A  Z  E
K  S  P  H  R  R  L  F  R  A  S  D  H  S
T  Ä  K  D  D  E  S  S  U  C  S  M  Ö  I
N  T  L  R  C  G  N  O  L  L  A  B  J  G
I  T  E  F  K  I  Ä  M  N  Y  G  R  D  N
N  N  M  M  X  V  R  T  G  S  E  N  D  E
G  I  M  F  W  A  B  A  W  M  R  L  C  E
G  N  I  N  D  N  A  L  X  X  A  U  E  T
V  G  H  Ä  R  K  O  M  S  T  R  F  C  W
S  Ä  R  T  O  L  I  P  U  R  E  T  W  O
X  S  T  E  T  T  U  R  B  U  L  E  N  S
I  S  N  E  O  Ä  V  E  N  T  Y  R  N  I
C  J  K  Z  M  Z  K  Z  U  Z  T  S  C  D
```

HÄRKOMST	LUFT
ATMOSFÄR	MOTOR
ÄVENTYR	NAVIGERA
BALLONG	DESIGN
BESÄTTNING	PASSAGERARE
BRÄNSLE	PILOT
HISTORIA	RIKTNING
HIMMEL	TURBULENS
HÖJD	VÄTE
LANDNING	

78 - Herbalisme

```
T  C  N  I  L  A  V  E  N  D  E  L  N  R
D  R  I  N  G  R  E  D  I  E  N  S  Y  O
K  R  Ä  O  W  V  S  W  A  T  Ö  I  U  S
B  V  A  D  S  F  M  T  K  I  R  A  X  M
L  B  A  G  G  R  A  D  I  M  G  J  K  A
O  Z  N  L  O  Å  K  M  L  J  O  L  S  R
M  D  I  L  I  N  R  Z  I  A  Y  I  I  I
M  U  D  I  O  T  L  D  S  N  J  S  T  N
A  E  E  D  N  L  E  S  A  F  F  R  A  N
M  E  J  R  A  M  T  T  B  F  N  E  M  S
T  O  T  I  G  V  I  T  L  Ö  K  P  O  V
W  P  V  X  E  F  Ä  N  K  Å  L  R  R  B
T  K  S  I  R  A  N  I  L  U  K  D  A  B
S  N  M  P  O  H  U  A  G  A  Z  G  H  C
```

AROMATISK
BASILIKA
BLOMMA
KULINARISK
DILL
DRAGON
GRÖN
INGREDIENS
VITLÖK
KVALITET

LAVENDEL
MEJRAM
OREGANO
PERSILJA
ROSMARIN
SAFFRAN
SMAK
TIMJAN
TRÄDGÅRD
FÄNKÅL

79 - Kracht en Zwaartekracht

```
F O H D M C X C W W X A Z P
Y M A G A P M G C U J J V L
S R S C G S Z O M P O R A A
I Ö T D N Å T S V A E W P N
K R I I E E K H U F G D T E
C E G T T M K O S V E K K T
Y L H K I V M U R T N E C E
R S E I S P N M T E S M Ä R
T E T V M V Y K W F K E T F
E X P A N S I O N F A K P E
F R I K T I O N C E P A P E
A X E L F R D Y E K E N U D
D Y N A M I S K U T R I K S
O M L O P P S B A N A K T P
```

AVSTÅND
AXEL
OMLOPPSBANA
RÖRELSE
CENTRUM
TRYCK
DYNAMISK
EGENSKAPER
VIKT
EFFEKT

MAGNETISM
MEKANIK
FYSIK
UPPTÄCKT
PLANETER
HASTIGHET
TID
EXPANSION
FRIKTION

80 - Rijden

```
M  K  P  F  F  O  L  Y  C  K  A  P  D  T
B  O  A  X  D  O  B  G  A  R  A  G  E  R
R  O  T  O  M  X  T  Y  V  F  T  Ä  S  A
Ä  J  V  O  B  S  N  G  Z  S  R  V  R  F
N  C  P  A  R  A  F  G  Ä  G  A  T  A  I
S  I  L  O  P  C  G  A  G  N  K  G  S  K
L  E  N  N  U  T  Y  S  K  E  G  Y  M  H
E  I  E  K  I  O  T  K  R  Y  E  A  O  V
I  O  C  S  T  E  H  R  E  K  Ä  S  R  U
H  A  S  T  I  G  H  E  T  L  P  A  B  E
L  A  S  T  B  I  L  O  O  J  I  L  V  J
V  K  U  W  V  Z  T  W  F  F  V  B  J  L
L  I  C  E  N  S  T  R  U  L  J  U  P  V
O  O  W  J  F  K  G  C  R  V  U  Z  H  X
```

BIL	POLIS
BRÄNSLE	BROMSAR
GARAGE	HASTIGHET
GAS	GATA
FARA	TUNNEL
KARTA	SÄKERHET
LICENS	TRAFIK
MOTOR	FOTGÄNGARE
MOTORCYKEL	LASTBIL
OLYCKA	VÄG

81 - Wetenschap

```
N  O  I  T  A  V  R  E  S  B  O  D  L  M
H  U  N  O  I  T  U  L  O  V  E  P  A  E
A  L  L  V  A  R  O  L  E  B  V  W  B  T
L  I  S  S  O  F  G  M  B  O  U  O  O  O
P  T  N  E  M  I  R  E  P  X  E  R  R  D
Y  F  A  K  T  U  M  P  S  F  R  G  A  R
W  Z  O  K  R  O  S  N  V  Y  A  A  T  E
N  F  A  K  R  X  P  Z  J  S  K  N  O  L
A  X  N  Z  K  F  N  Y  J  I  S  I  R  A
T  Y  K  Z  O  E  S  G  H  K  R  S  I  R
U  T  D  U  J  D  M  L  B  F  O  M  U  E
R  X  A  F  U  T  K  I  Y  R  F  V  M  N
A  V  T  A  M  I  L  K  S  L  B  T  H  I
Z  Y  A  G  N  R  E  L  Y  K  E  L  O  M
```

ATOM	METOD
KEMISK	MINERALER
EVOLUTION	MOLEKYLER
EXPERIMENT	NATUR
FAKTUM	FYSIK
FOSSIL	OBSERVATION
DATA	ORGANISM
HYPOTES	FORSKARE
KLIMAT	ALLVAR
LABORATORIUM	

82 - Natuurkunde

```
A  C  C  E  L  E  R  A  T  I  O  N  B  D
H  A  S  T  I  G  H  E  T  J  K  W  B  E
E  L  T  E  T  I  V  I  T  A  L  E  R  N
J  R  O  T  O  M  G  A  S  T  A  Z  D  S
L  X  B  N  O  W  W  O  Y  O  S  F  I  I
V  S  N  E  V  K  E  R  F  M  S  F  K  T
M  W  L  M  S  I  T  E  N  G  A  M  A  E
O  K  S  I  M  E  K  M  L  S  M  K  O  T
L  E  M  R  O  F  X  J  E  D  O  U  S  X
E  V  X  E  L  N  O  R  T  K  E  L  E  U
K  Z  O  P  K  R  A  V  L  L  A  P  A  P
Y  P  X  X  I  P  G  F  J  G  F  N  Y  W
L  U  T  E  P  A  R  T  I  K  E  L  I  J
U  N  I  V  E  R  S  E  L  L  G  P  T  K
```

ATOM	MAGNETISM
KAOS	MASSA
KEMISK	MEKANIK
PARTIKEL	MOLEKYL
DENSITET	MOTOR
ELEKTRON	RELATIVITET
EXPERIMENT	HASTIGHET
FORMEL	UNIVERSELL
FREKVENS	ACCELERATION
GAS	ALLVAR

83 - Muziekinstrumenten

```
S  K  R  F  B  Y  J  G  C  L  A  N  M  M
M  P  R  H  J  B  N  W  E  O  B  O  A  U
S  L  A  G  V  E  R  K  L  I  M  J  N  N
D  R  T  H  U  T  J  Ö  L  F  I  N  D  S
N  O  I  M  Z  E  J  E  O  R  R  A  O  P
N  P  G  T  R  O  M  B  O  N  A  B  L  E
S  T  I  T  R  U  M  P  E  T  M  P  I  L
G  T  R  A  P  R  A  H  G  R  Z  U  N  M
B  O  R  U  N  I  R  U  B  M  A  T  O  J
T  G  N  Z  M  O  T  V  T  A  U  R  F  V
P  A  P  G  L  M  R  U  A  G  Z  M  O  T
N  F  W  B  M  K  A  O  Z  Z  K  U  X  X
K  L  A  R  I  N  E  T  T  K  C  K  A  J
N  Y  M  S  E  Y  N  C  A  T  A  Z  S  Y
```

BANJO	MARIMBA
CELLO	MUNSPEL
FAGOTT	SLAGVERK
FLÖJT	PIANO
GITARR	SAXOFON
GONG	TAMBURIN
HARPA	TROMBON
OBOE	TRUMMA
KLARINETT	TRUMPET
MANDOLIN	FIOL

84 - Ethiek

```
N  E  T  E  H  G  I  L  K  S  N  Ä  M  Ä
I  N  T  E  G  R  I  T  E  T  U  J  S  R
R  G  A  E  I  I  T  V  R  E  Y  W  I  L
W  I  H  R  B  Z  Å  F  Ä  T  M  F  L  I
H  S  M  U  I  R  L  A  V  R  O  I  A  G
V  M  S  L  D  C  A  V  Z  W  D  I  E  H
Ä  S  X  O  I  A  M  M  F  T  S  E  R  E
N  I  T  H  A  G  O  X  A  L  I  V  N  T
L  U  K  D  E  L  D  U  B  S  V  T  S  Y
I  R  A  T  I  O  N  A  L  I  T  E  T  D
G  T  R  E  S  P  E  K  T  F  U  L  L  O
H  L  X  T  U  V  Ä  R  D  I  G  H  E  T
E  A  T  O  L  E  R  A  N  S  D  M  G  F
T  I  N  D  I  V  I  D  U  A  L  I  S  M
```

ALTRUISM	REALISM
RESPEKTFULL	RIMLIG
ÄRLIGHET	SAMARBETE
TÅLAMOD	TOLERANS
INDIVIDUALISM	VÄNLIGHET
INTEGRITET	VÄRDEN
MÄNSKLIGHETEN	VÄRDIGHET
RATIONALITET	VISDOM

85 - Antiek

```
M  F  A  O  P  K  R  Å  N  D  R  E  S  V
Å  X  U  V  R  O  X  R  I  E  E  L  K  Ä
L  G  T  A  I  N  P  H  R  K  S  E  U  R
N  N  E  N  S  S  E  U  E  O  T  G  L  D
I  I  N  L  Z  T  Z  N  L  R  A  A  P  E
N  R  T  I  I  A  L  D  L  A  U  N  T  V
G  E  I  G  Y  T  P  R  A  T  R  T  U  Z
A  T  S  E  S  C  S  A  G  I  E  F  R  V
R  S  K  R  P  V  W  D  A  V  R  L  J  E
N  E  E  A  N  A  L  E  M  V  I  R  C  G
K  V  A  L  I  T  E  T  M  K  N  V  R  P
K  N  L  M  K  H  B  B  A  W  G  D  G  U
S  I  P  A  S  A  Ö  W  L  M  Y  N  T  H
G  R  O  S  L  O  M  A  U  K  T  I  O  N
```

AUTENTISK	MYNT
SKULPTUR	OVANLIG
DEKORATIV	GAMMAL
ÅRHUNDRADE	PRIS
ELEGANT	RESTAURERING
GALLERI	MÅLNINGAR
INVESTERING	STIL
KONST	AUKTION
KVALITET	SAMLARE
MÖBEL	VÄRDE

86 - Water

```
D  D  B  W  P  O  G  T  X  V  B  B  M  I
B  S  B  B  U  R  I  E  M  H  X  G  U  X
C  A  U  G  R  K  T  H  J  C  S  G  Z  D
Y  B  L  A  N  A  K  G  N  S  J  J  M  J
S  N  F  J  K  N  U  I  U  U  E  K  Ö  X
F  R  O  S  T  Z  F  T  V  D  E  R  M  Z
J  A  L  R  F  F  J  K  F  O  M  O  H  X
S  D  X  G  E  I  O  U  U  L  A  G  N  Å
F  N  U  S  N  O  M  F  K  F  J  Å  W  C
W  I  Ö  R  E  G  N  R  T  B  I  V  A  H
N  W  O  G  T  L  V  V  I  H  V  D  E  E
J  I  S  G  N  I  N  T  S  N  U  D  V  A
R  K  H  K  B  E  V  A  T  T  N  I  N  G
Ö  V  E  R  S  V  Ä  M  N  I  N  G  X  F
```

DUSCH	ÖVERSVÄMNING
GEJSER	REGN
VÅGOR	FLOD
IS	SNÖ
BEVATTNING	ÅNGA
KANAL	AVDUNSTNING
SJÖ	FUKT
MONSUN	FUKTIG
HAV	FUKTIGHET
ORKAN	FROST

87 - Koffie

```
E  K  W  K  F  V  Z  B  D  X  S  F  B  E
O  D  P  D  G  N  Ä  M  A  Y  M  I  W  D
M  O  R  G  O  N  R  T  T  W  A  L  H  F
S  Y  D  Y  X  K  M  V  S  U  K  T  S  E
S  V  M  N  I  E  F  F  O  K  N  E  U  C
H  V  M  P  U  K  C  Y  R  D  A  R  R  U
A  R  O  M  S  O  C  K  E  R  P  S  U  R
M  N  E  T  T  A  V  Y  D  L  I  V  N  S
S  A  D  T  H  P  H  H  H  R  L  A  M  P
D  K  E  D  T  F  D  P  A  H  S  R  L  R
M  J  Ö  L  K  I  F  P  R  C  W  T  F  U
G  R  Ä  D  D  E  B  O  R  I  P  I  L  N
B  U  M  A  W  C  H  K  R  M  S  F  P  G
Y  K  B  O  Z  W  W  I  T  O  V  C  C  G
```

AROM	URSPRUNG
KOPP	PRIS
BITTER	GRÄDDE
KOFFEIN	SMAK
DRYCK	SOCKER
FILTER	MÄNGD
ROSTAD	VÄTSKA
SLIPA	VATTEN
MJÖLK	SUR
MORGON	SVART

88 - Boerderij #1

```
H  Å  S  N  A  B  S  J  K  C  O  L  F  M
A  Ö  R  Ö  G  Y  T  O  A  B  S  J  R  M
U  D  P  R  C  S  A  R  T  S  Ä  H  B  M
Z  C  A  F  X  E  K  D  T  B  Z  T  C  S
F  X  N  Y  K  V  E  B  W  J  M  B  K  S
G  Ö  D  S  E  L  T  R  R  L  X  H  H  K
K  G  N  C  A  A  X  U  U  B  I  O  Z  D
G  B  E  B  L  K  X  K  K  P  D  N  U  H
H  P  T  T  F  T  Z  X  K  N  O  U  S  F
Z  Y  T  K  Y  C  K  L  I  N  G  N  L  F
B  H  A  K  Å  R  K  F  I  N  I  G  F  Ä
B  T  V  N  O  O  B  M  Z  V  P  M  Y  L
C  P  D  E  U  D  R  I  S  Y  F  W  L  T
R  R  E  X  A  Y  J  E  T  D  R  Y  B  U
```

BI	KO
ÅSNA	KRÅKA
GET	FLOCK
STAKET	JORDBRUK
HUND	GÖDSEL
HONUNG	HÄST
HÖ	RIS
KALV	FÄLT
KATT	VATTEN
KYCKLING	FRÖN

89 - Huis

```
M A N S S D T R Ä D G Å R D
S A X O T K R U M U R V O S
S A T U A Ö O N P C R O M U
Ö P T T K K V R F F Ö X X K
P M E V A U Ä G S Z D T V Y
P A V G K M G A U T S A V K
E L I S E B G R R A E V E T
N E N V T L A A S X J N D B
S B D E O T K G S T A K E T
P Ö X N I X N E X A D E K J
I M K Ä L L A R E L U E R R
S N B D B W C L X C S F K B
Y F A A I T H R S U C K M H
G R B B B E W R D Y H J S V
```

KVAST	KÖK
BIBLIOTEK	LAMPA
TAK	MÖBEL
DÖRR	VÄGG
DUSCH	SKORSTEN
GARAGE	SOVRUM
ÖPPEN SPIS	SPEGEL
STAKET	MATTA
RUM	TRÄDGÅRD
KÄLLARE	VIND

90 - Geometrie

```
P A R A L L E L L H M C H C
J T O L C O W X N R C I O P
K Y X K R Y F X A V X R R D
S Y D I M E N S I O N K I R
T X G G E X T Z D B C E S U
Ä R N O E K S E E C D L O S
R T I L V T V W M G C J N E
L E N A C E R A D A Y D T G
E O K V N G D P T E I B E M
K R Ä R W G T T I I Y D L E
N I R U N U E Y Y J O S L N
I L E K N I V L D I L N Y T
V W B M A S S A H Ö J D U Y
S Y M M E T R I J Y V F G S
```

BERÄKNING

CIRKEL

KURVA

DIAMETER

DIMENSION

TRIANGEL

VINKEL

HÖJD

HORISONTELL

LOGIK

VINKELRÄT

MASSA

MEDIAN

YTA

PARALLELL

SEGMENT

SYMMETRI

TEORI

EKVATION

91 - Jazz

```
E R L N M T L A L B U M B J
G Ä J Å R E T S E K R O N P
I N C K T E R A S A R Y T M
S T M U S I K C L V Y J N A
C S K D P O S R G A C P R P
I N F L U E N S E R N X H P
S O B E T O N I N G W G H L
O K G J W K O N S E R T O Å
F A V O R I T E R T R H S D
I M P R O V I S A T I O N E
E L C C M F Y P F A A I P R
K O M P O S I T Ö R K Ä N D
T E K N I K W X C Z K O O E
G E N R E S T I L A M M A G
```

ALBUM	LÅT
APPLÅDER	MUSIK
KONSTNÄR	BETONING
KÄND	NY
KOMPOSITÖR	ORKESTER
KONSERT	GAMMAL
FAVORITER	RYTM
GENRE	STIL
IMPROVISATION	TALANG
INFLUENSER	TEKNIK

92 - Getallen

```
X S A X U M M G K E X X E A
T M E F W P T V Å X N J D H
Å M R X T S P L J R U W A E
F T T Z T J C O I N W G G J
J X T S F O U T Y P U X L X
O T P A Y L N G Z I E J A G
R R S W R W L L O N O T R A
T E S R A H K X R O R K A Z
O T E T T F F C S T B C R C
N T R N B F E L B T A T D B
O O S J U M M V H I B W R U
C N N H K Y T N U N F Z B G
P R W C J W O V M P Z O H W
T I O S E X N O T T U J S M
```

ÅTTA   TVÅ
ARTON   TJUGO
TRETTON   FJORTON
TRE   FYRA
ETT   FEM
NIO   FEMTON
NITTON   SEX
NOLL   SEXTON
TIO   SJU
TOLV   SJUTTON

93 - Boksen

```
J  M  Z  K  C  F  R  E  C  S  C  L  K  F
M  L  F  M  Ä  Y  S  E  C  T  A  A  R  Ä
V  G  I  Z  A  M  E  P  E  R  F  I  O  R
M  N  R  Ö  H  W  P  I  A  Z  T  J  P  D
D  I  P  O  Ä  N  G  E  K  R  S  E  P  I
L  N  D  G  V  L  P  V  G  A  K  X  G  G
S  T  Y  R  K  A  B  Ä  S  Å  S  A  X  H
T  M  H  O  X  K  X  N  D  I  B  A  C  E
N  Ä  U  D  K  A  F  O  K  U  S  M  W  T
F  H  I  A  B  H  K  L  O  C  K  A  R  V
Y  R  T  K  C  U  T  M  A  T  T  A  D  A
P  E  W  S  H  A  N  D  S  K  A  R  S  D
F  T  M  O  T  S  T  Å  N  D  A  R  E  U
H  Å  S  N  A  B  B  O  D  O  M  A  R  E
```

ARMBÅGE	DOMARE
FOKUS	SPARKA
HANDSKAR	SNABB
ÅTERHÄMTNING	MOTSTÅNDARE
HÖRN	REP
HAKA	UTMATTAD
KLOCKA	FÄRDIGHET
STYRKA	KÄMPE
KROPP	SKADOR
POÄNG	NÄVE

94 - Boerderij #2

```
G R Ö N S A K L Ö J M J V J
N V Ä D E R K V A R N S P K
Ä D R Å G D Ä R T T K U R F
E E Y F D K X B I K U P A R
S A F F G B X M G U P J J L
S I E W G X H T D R R L G A
H K O R N A B J F F J A S M
L E M G N I N T T A V E B M
G D R A M A L K S N Z Y X V
Y N Å D S R O G A X S H K A
Y O F A E V M D J U R B D O
Y B I L P V Z A L T I C U L
G M W O M T D L J F H T L C
T R A K T O R S T S V E T E
```

BIKUPA	LAMM
BONDE	LAMA
FRUKTTRÄDGÅRD	MAJS
DJUR	MJÖLK
ANKA	FÅR
FRUKT	LADA
KORN	VETE
GRÖNSAK	TRAKTOR
HERDE	ÄNG
BEVATTNING	VÄDERKVARN

95 - Psychologie

```
N Z K K F U E D N E E T E B
V T L L V Z T K J C P B T A
B I N O I T I N G O K D E R
T E V Z E N F L Ä X F J H N
E A F B X B I N L M D E G D
H L N Z X G G S V Z N H I O
G S X K R X A A K N A I L M
I N P Y A P R O B L E M N A
L Ä R I U R O L S N Ä K O G
K K I N F L U E N S E R S E
R C O C V A D R Ö M M A R G
E M E D V E T S L Ö S R E O
V K O N F L I K T R Z P P C
U P P F A T T N I N G B T B
```

UTNÄMNING	KÄNSLA
MEDVETSLÖS	INFLUENSER
KOGNITION	BARNDOM
KONFLIKT	KLINISK
DRÖMMAR	UPPFATTNING
EGO	PERSONLIGHET
KÄNSLOR	PROBLEM
TANKAR	VERKLIGHET
BETEENDE	

96 - Elektriciteit

```
S  R  U  W  P  S  R  M  O  P  I  J  H  E
T  R  Å  D  S  O  N  O  F  E  L  E  T  L
E  E  O  L  K  P  S  N  W  B  A  A  G  E
N  X  O  X  I  V  U  I  J  O  S  K  N  K
G  D  R  K  L  G  A  T  T  U  E  S  I  T
A  O  B  J  E  K  T  N  P  I  R  I  N  R
M  I  W  N  B  I  D  R  T  K  V  R  T  I
H  G  O  U  A  J  H  P  N  I  U  T  S  K
D  V  B  I  K  L  A  M  P  A  T  K  U  E
G  E  N  E  R  A  T  O  R  T  H  E  R  R
N  E  G  A  T  I  V  Z  C  V  J  L  T  L
Z  N  Ä  T  V  E  R  K  U  O  B  E  U  D
C  X  T  N  L  A  G  R  I  N  G  N  F  U
L  I  Y  M  B  A  T  T  E  R  I  R  M  E
```

BATTERI	MAGNET
UTRUSTNING	NEGATIV
TRÅD	NÄTVERK
ELEKTRIKER	OBJEKT
ELEKTRISK	LAGRING
GENERATOR	POSITIV
KVANTITET	UTTAG
KABEL	TELEFON
LAMPA	TV
LASER	

97 - Zakelijk

```
U  V  F  T  E  G  D  U  B  C  T  P  N  V
J  V  Ö  S  R  S  K  A  T  T  E  R  R  A
F  S  R  M  O  A  K  A  R  R  I  Ä  R  L
A  Z  E  O  T  S  N  I  V  D  E  N  T  U
B  V  T  K  N  P  R  S  N  A  N  I  F  T
R  Z  A  N  O  L  B  R  A  G  N  E  P  A
I  N  G  I  K  U  R  C  F  K  U  N  M  N
K  I  N  E  T  O  D  L  L  Ä  T  S  N  A
R  A  B  A  T  T  S  U  X  B  B  I  V  K
X  A  B  P  R  I  V  T  H  U  H  K  O  S
A  E  L  H  K  G  N  U  A  T  X  B  S  N
N  Y  T  G  S  P  I  S  E  I  R  I  G  K
F  W  K  N  I  M  O  N  O  K  E  M  K  T
A  R  B  E  T  S  G  I  V  A  R  E  M  M
```

FÖRETAG	KONTOR
BUDGET	RABATT
SKATTER	KOSTA
KARRIÄR	TRANSAKTION
EKONOMI	VALUTA
FABRIK	ARBETSGIVARE
FINANS	ANSTÄLLD
PENGAR	BUTIK
INKOMST	VINST

98 - Voeding

```
J V V V H G F X B O V F T V
U Ä F I S R R Y A S M A K I
K T S O K J I B L X H M J T
K A A N K T S I A T I T P A
O S L R I Y K T N X L D H M
L L T O K N A T S S Å S H I
H Ä O M R F G E E K E G V N
Y H X E O I M R R L H S W T
D L I X K A E K A Ä T L I G
R B N I S J Z R D D M A L J
A J M F T K V A L I T E T J
T P M T Ä P R O T E I N E R
E T U V V D P K J D S X U V
R M A T S M Ä L T N I N G K
```

BITTER
KALORIER
KOST
ÄTLIG
APTIT
PROTEINER
BALANSERAD
JÄSNING
VIKT
FRISKA

HÄLSA
KOLHYDRATER
KVALITET
SÅS
SMAK
MATSMÄLTNING
TOXIN
VITAMIN
VÄTSKOR

99 - Chemie

```
E  V  V  I  K  T  K  X  B  J  E  R  G  S
L  S  Ä  S  Y  R  E  L  G  O  N  E  A  Y
E  Y  A  T  N  K  F  O  O  N  Z  A  S  R
K  G  K  L  S  T  R  K  N  R  Y  K  Z  A
T  F  R  O  T  K  S  X  V  O  M  T  Z  E
R  V  Ä  R  M  E  A  B  H  T  G  I  D  D
O  A  L  K  A  L  I  S  K  A  D  O  I  B
N  O  R  G  A  N  I  S  K  S  M  N  L  K
X  M  D  F  U  M  X  C  T  Y  O  X  Z  D
M  L  V  N  P  N  V  V  R  L  L  I  I  E
M  E  T  A  L  L  E  R  I  A  E  T  Ä  V
R  U  T  A  R  E  P  M  E  T  K  E  A  P
U  D  R  B  G  K  F  T  G  A  Y  W  F  H
B  S  K  T  M  V  V  J  P  K  L  V  V  O
```

ALKALISK
KLOR
ELEKTRON
ENZYM
GAS
VIKT
JON
KATALYSATOR
KOL
METALLER

MOLEKYL
ORGANISK
REAKTION
TEMPERATUR
VÄTSKA
VÄRME
VÄTE
SALT
SYRA
SYRE

1 - Metingen

2 - Keuken

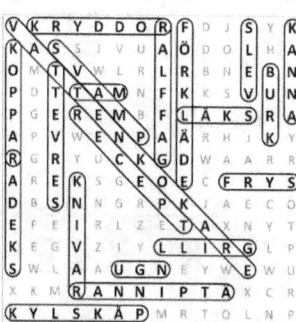

3 - Boten

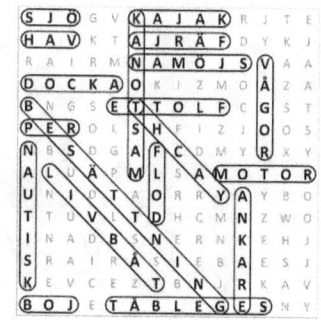

4 - Chocolade

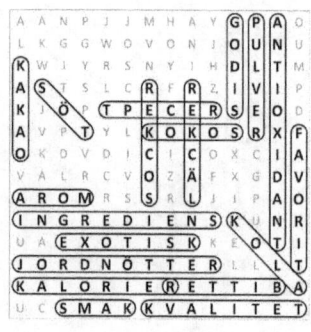

5 - Gezondheid en Welzijn #2

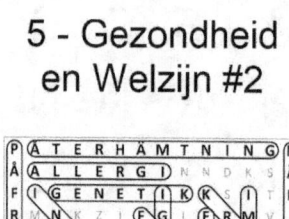

6 - Tijd

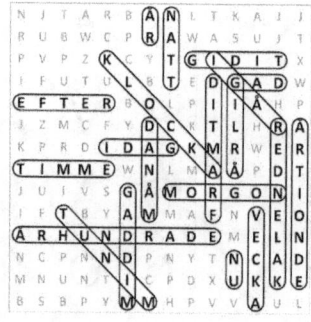

7 - Meditatie

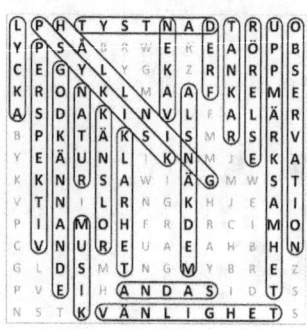

8 - Muziek

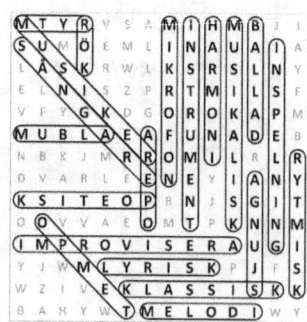

9 - Vogels

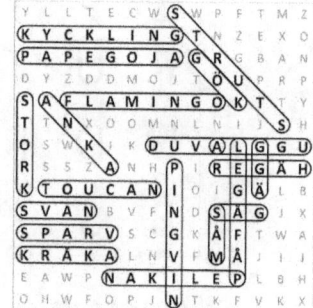

10 - Universum

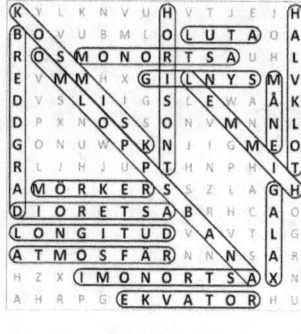

11 - Wiskunde

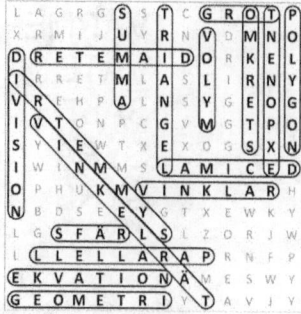

12 - Gezondheid en Welzijn #1

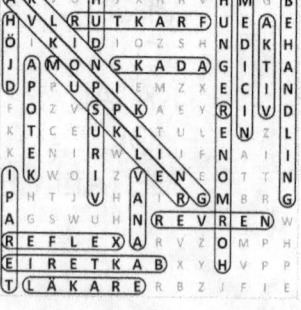

13 - Camping

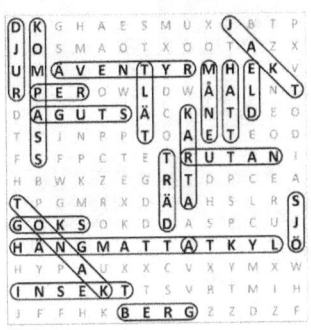

14 - Algebra

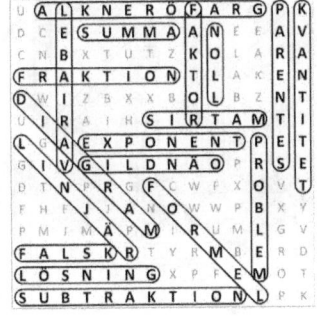

15 - Activiteiten

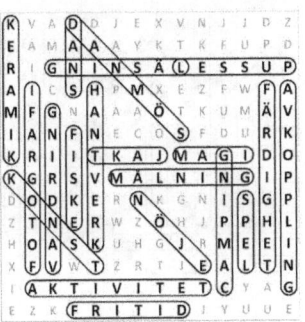

16 - Vormen

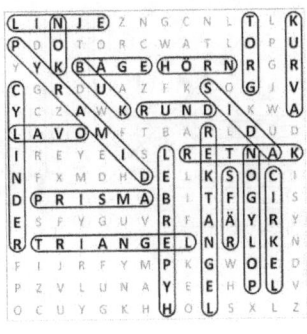

17 - Diplomatie

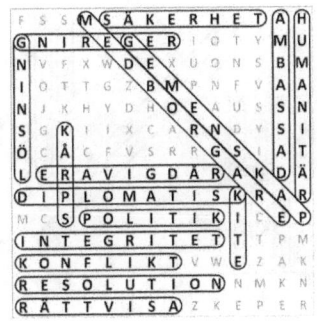

18 - Astronomie

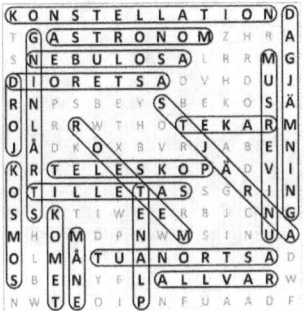

19 - Emoties

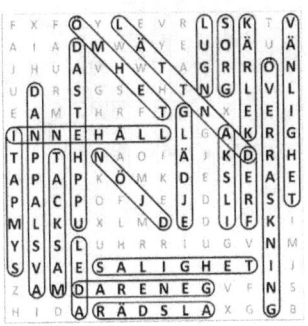

20 - Vakantie #2

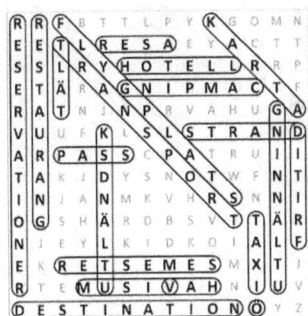

21 - Weersomstandigh

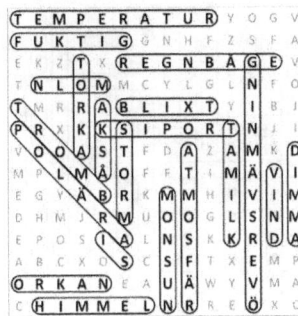

22 - Eten #2

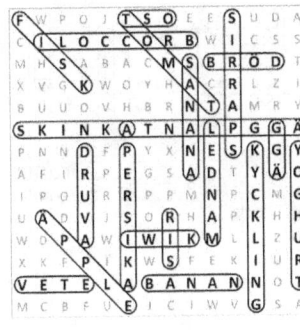

23 - Klimmen

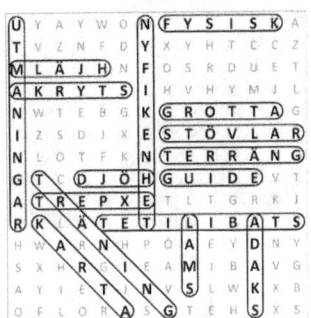

24 - Geologie

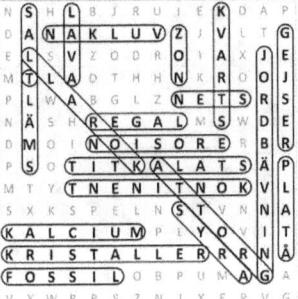

25 - Specerijen

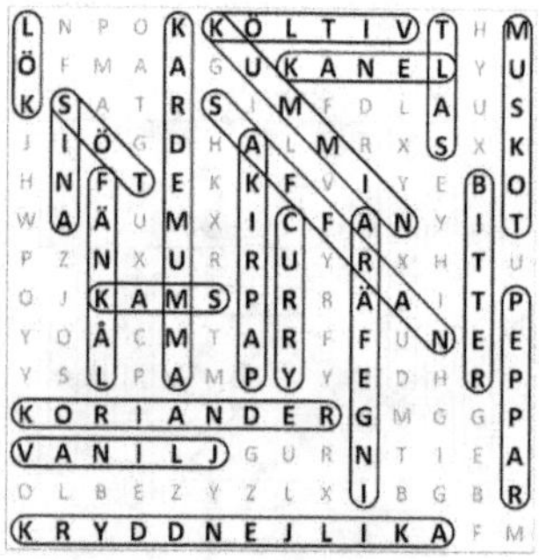

26 - Groenten

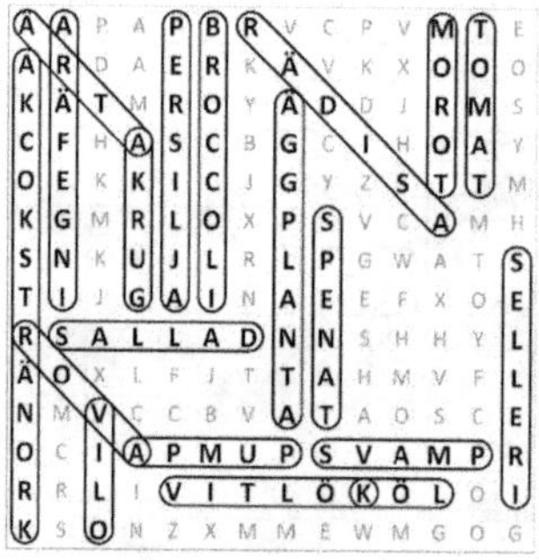

27 - Archeologie

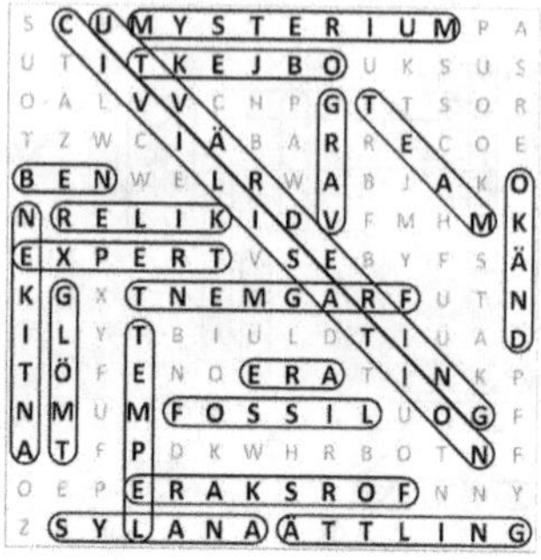

28 - Dans

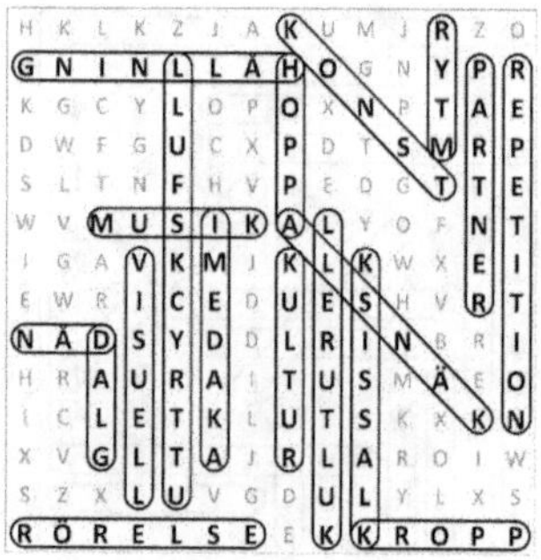

29 - Mythologie

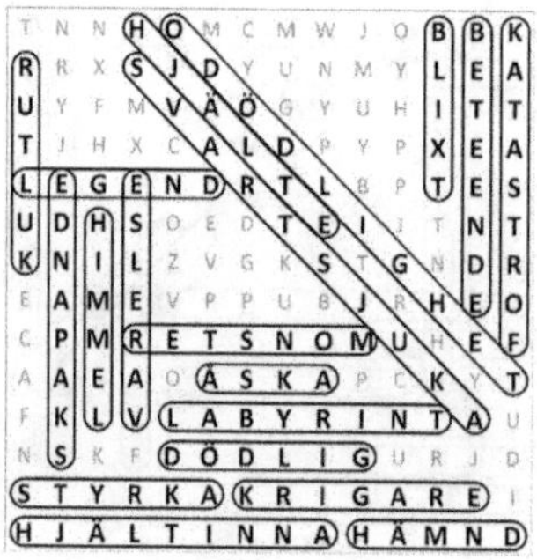

30 - Eten #1

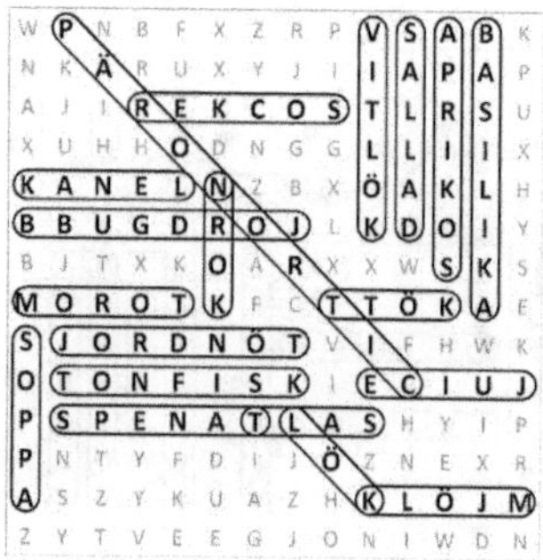

31 - Avontuur

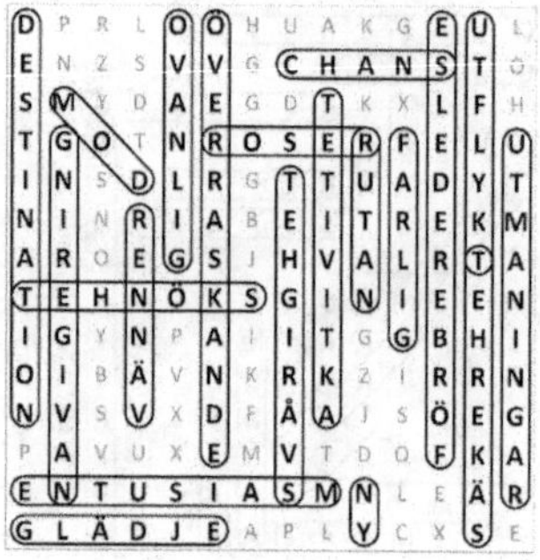

32 - Circus

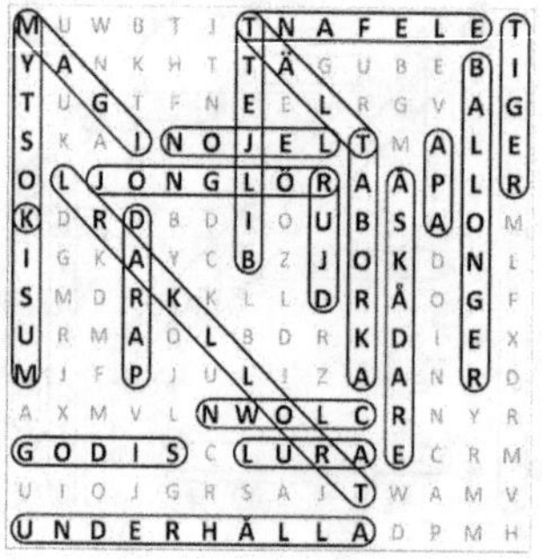

33 - Restaurant #2

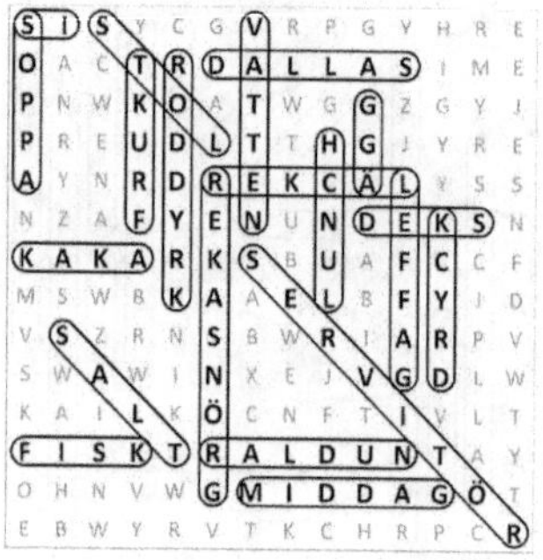

34 - De Media

35 - Bijen

36 - Wandelen

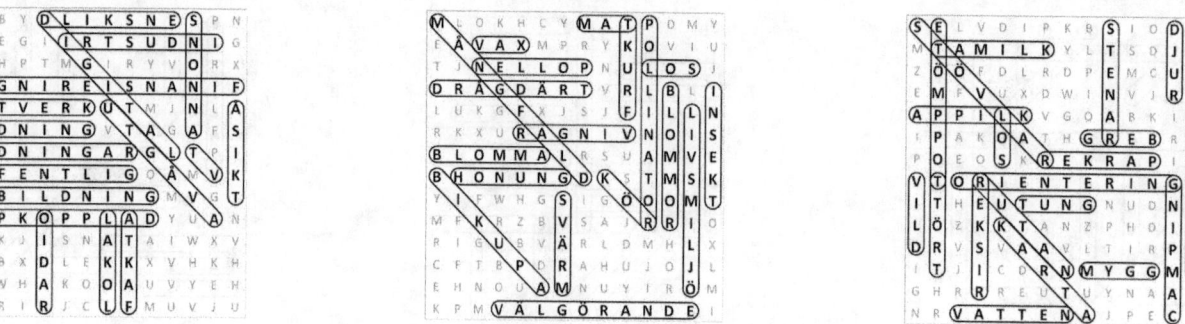

37 - Ecologie

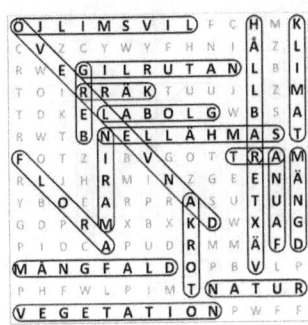

38 - Landen #1

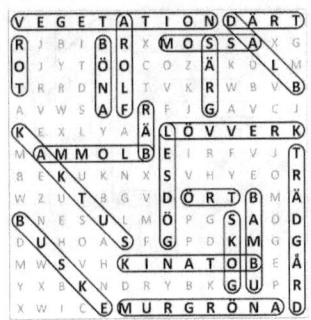

39 - Installaties

40 - Oceaan

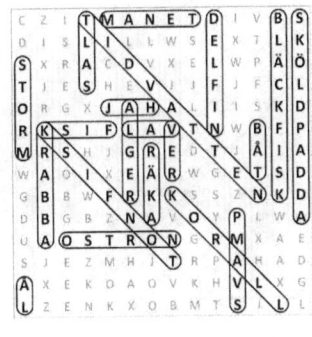

41 - Landen #2

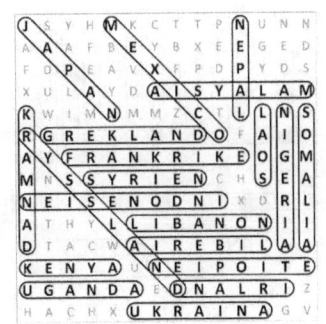

42 - Bloemen

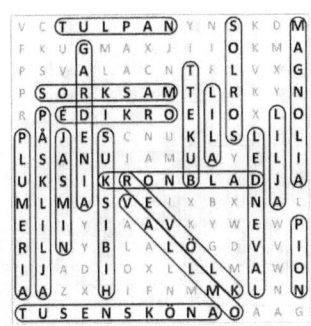

43 - Huisdieren

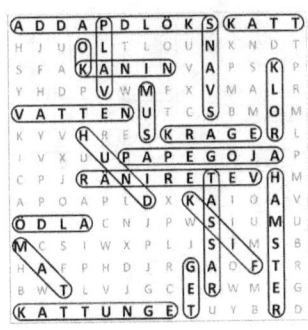

44 - Landschappen

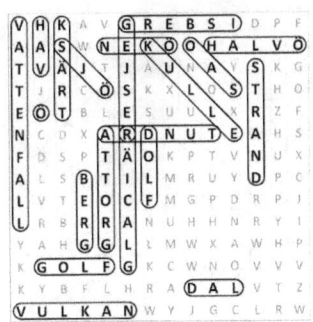

45 - Tuin

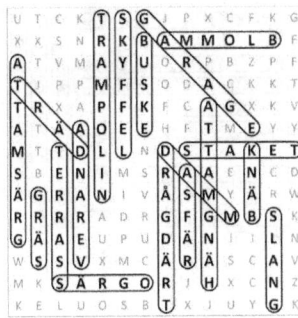

46 - Beroepen #2

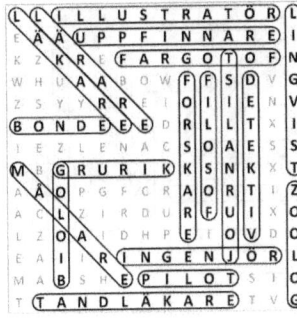

47 - Dagen en Maanden

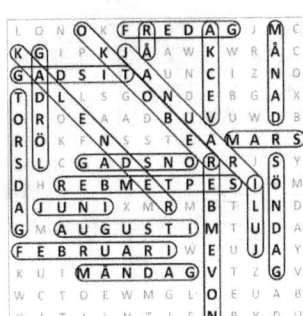

48 - Mode

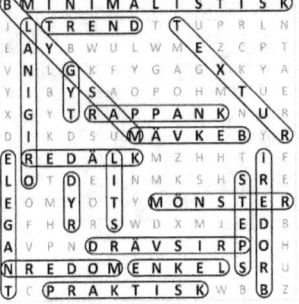

49 - Menselijk Lichaam

50 - Energie

51 - Familie

52 - Gebouwen

53 - Kunst

54 - Beroepen #1

55 - Antarctica

56 - Ballet

57 - Fruit

58 - Engineering

59 - Literatuur

60 - Boeken

61 - Meer Informatie

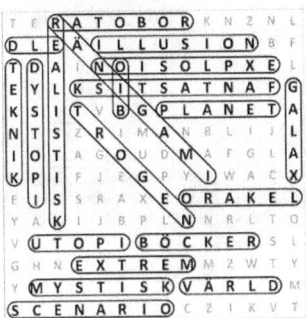

62 - Regenwoud

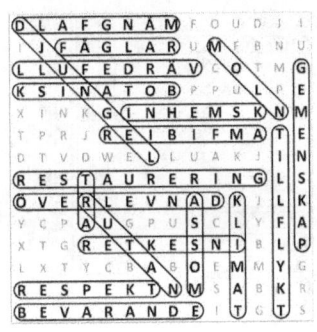

63 - Haartypes

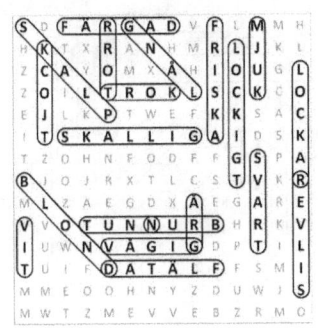

64 - Stad

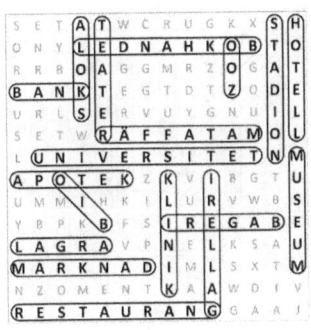

65 - Creativiteit

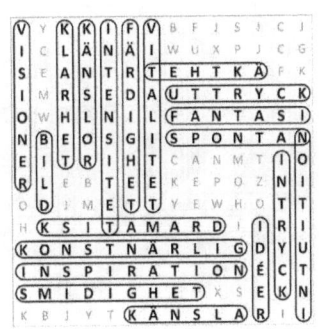

66 - Natuur

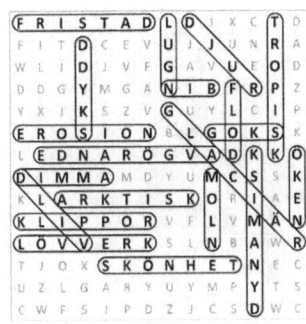

67 - Zoogdieren

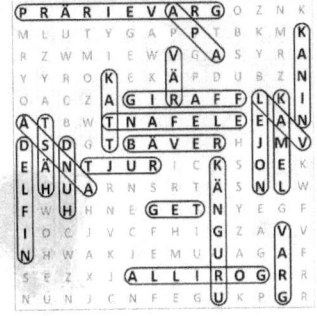

68 - Overheid

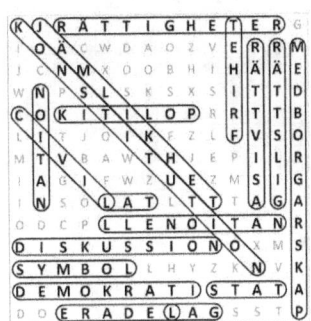

69 - Voertuigen

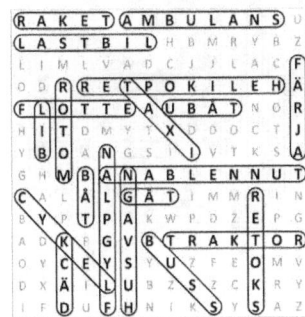

70 - Geografie

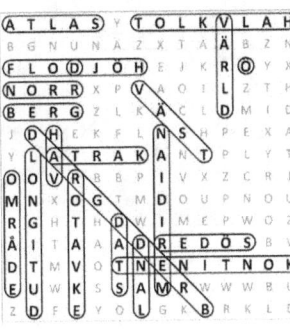

71 - Kunstbenodigdhe

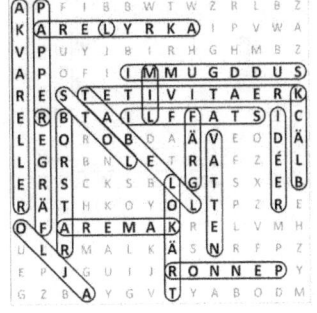

72 - Barbecues

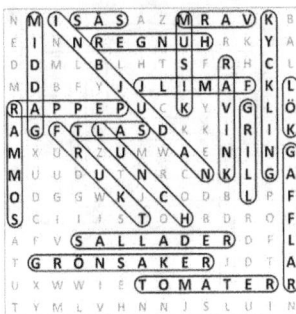

73 - Schoonheid

74 - Wetenschappelijk

75 - Bijvoeglijke Naamwoorden

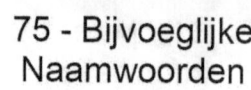

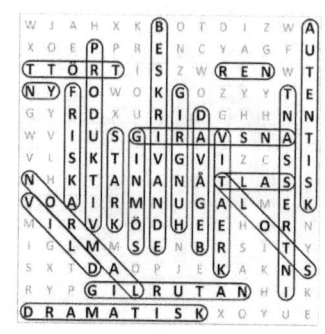

76 - Kleding

77 - Vliegtuigen

78 - Herbalisme

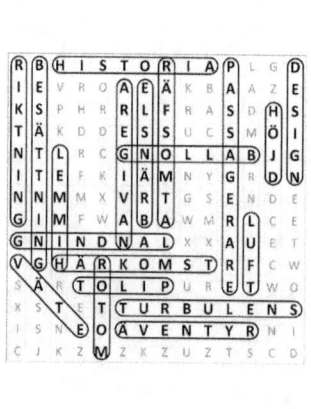

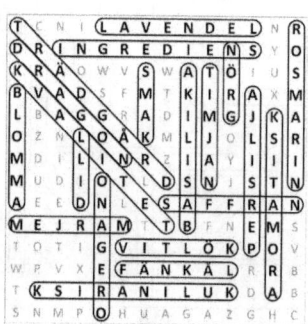

79 - Kracht en Zwaartekracht

80 - Rijden

81 - Wetenschap

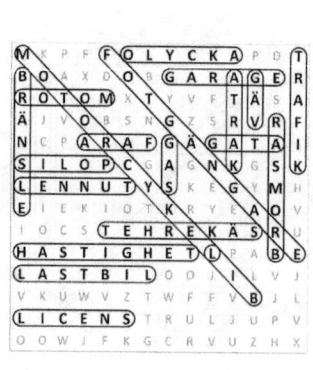

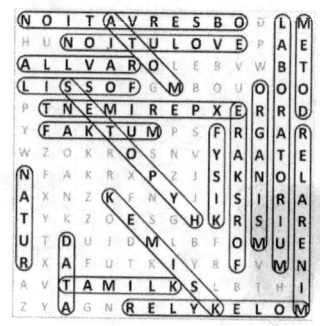

82 - Natuurkunde

83 - Muziekinstrument

84 - Ethiek

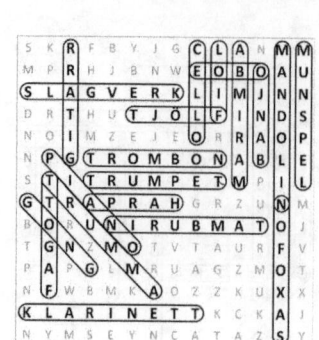

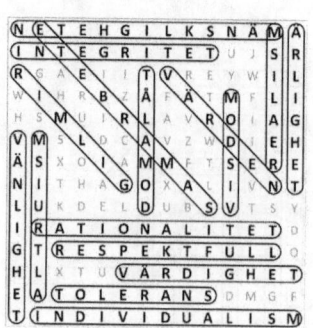

85 - Antiek

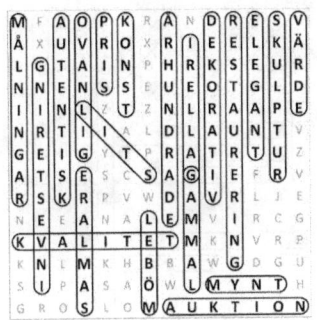

86 - Water

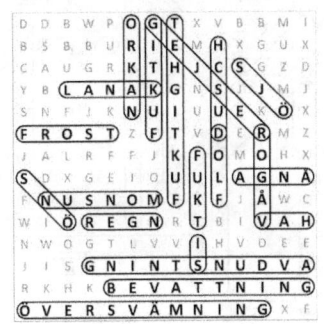

87 - Koffie

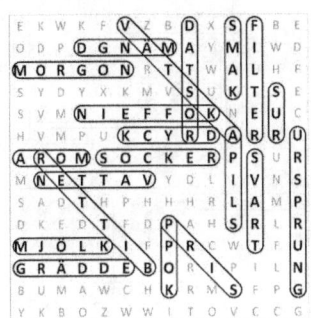

88 - Boerderij #1

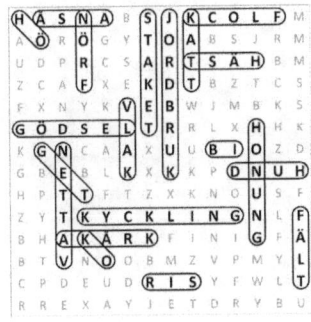

89 - Huis

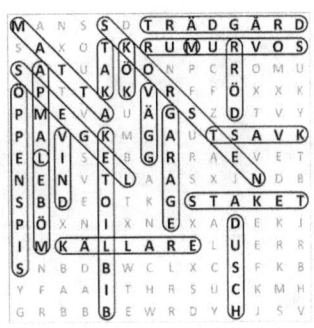

90 - Geometrie

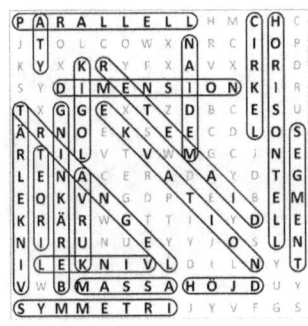

91 - Jazz

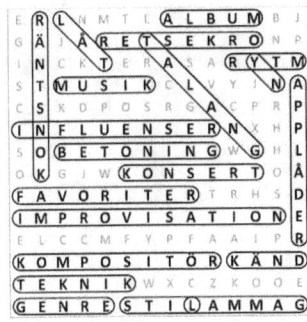

92 - Getallen

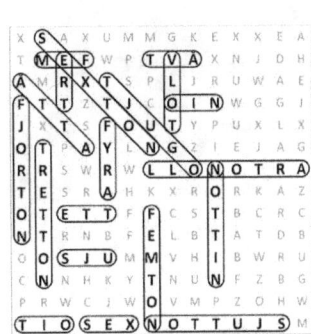

93 - Boksen

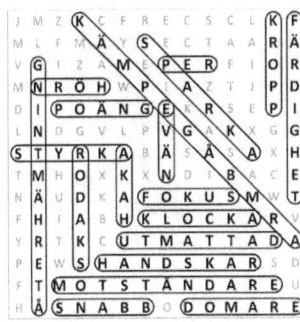

94 - Boerderij #2

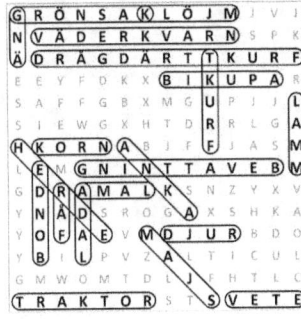

95 - Psychologie

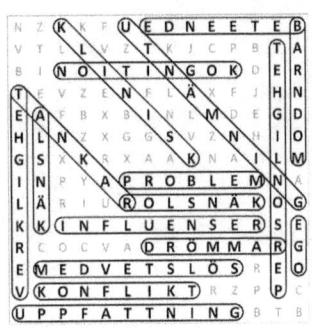

96 - Elektriciteit

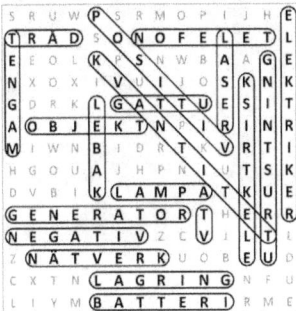

97 - Zakelijk

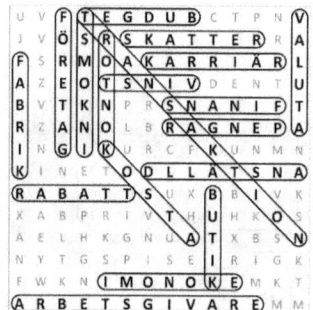

98 - Voeding

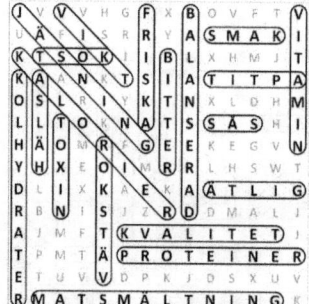

99 - Chemie

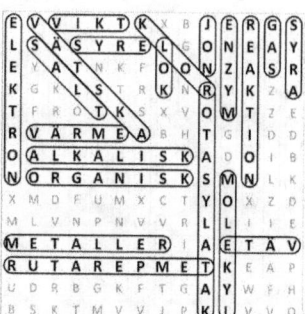

Woordenboek

Activiteiten
Aktiviteter

Activiteit	Aktivitet
Ambachten	Hantverk
Dansen	Dans
Fotografie	Fotografi
Games	Spel
Hengelsport	Fiske
Jacht	Jakt
Kamperen	Camping
Keramiek	Keramik
Kunst	Konst
Lezen	Läsning
Magie	Magi
Naaien	Sömnad
Ontspanning	Avkoppling
Plezier	Nöje
Puzzels	Pussel
Schilderij	Målning
Vaardigheid	Färdighet
Vrije Tijd	Fritid
Wandelen	Vandring

Algebra
Algebra

Aftrekken	Subtraktion
Diagram	Diagram
Exponent	Exponent
Factor	Faktor
Formule	Formel
Fractie	Fraktion
Grafiek	Graf
Haakje	Parentes
Hoeveelheid	Kvantitet
Lineair	Linjär
Matrix	Matris
Nul	Noll
Oneindig	Oändlig
Oplossing	Lösning
Probleem	Problem
Som	Summa
Vals	Falsk
Variabele	Variabel
Vereenvoudigen	Förenkla
Vergelijking	Ekvation

Antarctica
Antarktis

Baai	Vik
Behoud	Bevarande
Continent	Kontinent
Eilanden	Öar
Expeditie	Expedition
Geografie	Geografi
Gletsjers	Glaciärer
Ijs	Is
Migratie	Migration
Mineralen	Mineraler
Omgeving	Miljö
Onderzoeker	Forskare
Pinguïn	Pingviner
Rotsachtig	Stenig
Schiereiland	Halvö
Temperatuur	Temperatur
Topografie	Topografi
Water	Vatten
Wetenschappelijk	Vetenskaplig
Wolken	Moln

Antiek
Antikviteter

Authentiek	Autentisk
Beeldhouwwerk	Skulptur
Decoratief	Dekorativ
Eeuw	Århundrade
Elegant	Elegant
Galerij	Galleri
Investering	Investering
Kunst	Konst
Kwaliteit	Kvalitet
Meubilair	Möbel
Munten	Mynt
Ongewoon	Ovanlig
Oud	Gammal
Prijs	Pris
Restauratie	Restaurering
Schilderijen	Målningar
Stijl	Stil
Veiling	Auktion
Verzamelaar	Samlare
Waarde	Värde

Archeologie
Arkeologi

Analyse	Analys
Beschaving	Civilisation
Botten	Ben
Deskundige	Expert
Evaluatie	Utvärdering
Fossiel	Fossil
Fragmenten	Fragment
Graf	Grav
Mysterie	Mysterium
Nakomeling	Ättling
Objecten	Objekt
Onbekend	Okänd
Onderzoeker	Forskare
Oudheid	Antiken
Professor	Professor
Relikwie	Relik
Team	Team
Tempel	Tempel
Tijdperk	Era
Vergeten	Glömt

Astronomie
Astronomi

Aarde	Jord
Asteroïde	Asteroid
Astronaut	Astronaut
Astronoom	Astronom
Equinox	Dagjämning
Komeet	Komet
Kosmos	Kosmos
Maan	Måne
Meteoor	Meteor
Nevel	Nebulosa
Observatorium	Observatorium
Planeet	Planet
Raket	Raket
Satelliet	Satellit
Ster	Stjärna
Sterrenbeeld	Konstellation
Straling	Strålning
Telescoop	Teleskop
Universum	Universum
Zwaartekracht	Allvar

Avontuur
Äventyr

Activiteit	Aktivitet
Bestemming	Destination
Enthousiasme	Entusiasm
Excursie	Utflykt
Gevaarlijk	Farlig
Kans	Chans
Moed	Mod
Moeilijkheid	Svårighet
Natuur	Natur
Navigatie	Navigering
Nieuw	Ny
Ongewoon	Ovanlig
Reizen	Resor
Schoonheid	Skönhet
Uitdagingen	Utmaningar
Veiligheid	Säkerhet
Verrassend	Överraskande
Voorbereiding	Förberedelse
Vreugde	Glädje
Vrienden	Vänner

Ballet
Balett

Applaus	Applåder
Artistiek	Konstnärlig
Ballerina	Ballerina
Choreografie	Koreografi
Componist	Kompositör
Dansers	Dansare
Expressief	Uttrycksfull
Gebaar	Gest
Intensiteit	Intensitet
Muziek	Musik
Orkest	Orkester
Praktijk	Öva
Publiek	Publik
Repetitie	Repetition
Ritme	Rytm
Sierlijk	Graciös
Spieren	Muskler
Stijl	Stil
Techniek	Teknik
Vaardigheid	Färdighet

Barbecues
Grillar

Diner	Middag
Familie	Familj
Fruit	Frukt
Grill	Grill
Groente	Grönsaker
Heet	Varm
Honger	Hunger
Kip	Kyckling
Lunch	Lunch
Messen	Knivar
Muziek	Musik
Peper	Peppar
Salades	Sallader
Saus	Sås
Tomaten	Tomater
Uien	Lök
Uitnodiging	Inbjudan
Vorken	Gafflar
Zomer	Sommar
Zout	Salt

Beroepen #1
Yrken # 1

Advocaat	Advokat
Ambassadeur	Ambassadör
Apotheker	Apotekare
Astronoom	Astronom
Atleet	Idrottare
Bankier	Bankir
Cartograaf	Kartograf
Danser	Dansare
Dierenarts	Veterinär
Dokter	Läkare
Editor	Redaktör
Geoloog	Geolog
Jager	Jägare
Juwelier	Juvelerare
Loodgieter	Rörmokare
Muzikant	Musiker
Pianist	Pianist
Psycholoog	Psykolog
Verpleegster	Sjuksköterska
Wetenschapper	Forskare

Beroepen #2
Yrken # 2

Arts	Läkare
Astronaut	Astronaut
Bibliothecaris	Bibliotekarie
Bioloog	Biolog
Boer	Bonde
Chirurg	Kirurg
Detective	Detektiv
Filosoof	Filosof
Fotograaf	Fotograf
Illustrator	Illustratör
Ingenieur	Ingenjör
Journalist	Journalist
Leraar	Lärare
Linguïst	Lingvist
Onderzoeker	Forskare
Piloot	Pilot
Schilder	Målare
Tandarts	Tandläkare
Uitvinder	Uppfinnare
Zoöloog	Zoolog

Bijen
Bin

Bestuiver	Pollinator
Bijenkorf	Bikupa
Bloemen	Blommor
Bloesem	Blomma
Diversiteit	Mångfald
Ecosysteem	Ekosystem
Fruit	Frukt
Habitat	Livsmiljö
Honing	Honung
Insect	Insekt
Koningin	Drottning
Rook	Rök
Stuifmeel	Pollen
Tuin	Trädgård
Vleugels	Vingar
Voedsel	Mat
Voordelig	Välgörande
Was	Vax
Zon	Sol
Zwerm	Svärm

Bijvoeglijke Naamwoorden
Adjektiv #1

Aantrekkelijk	Attraktiv
Actief	Aktiv
Ambitieus	Ambitiös
Aromatisch	Aromatisk
Artistiek	Konstnärlig
Belangrijk	Viktig
Diep	Djup
Donker	Mörk
Dun	Tunn
Eerlijk	Ärlig
Exotisch	Exotisk
Identiek	Identisk
Jong	Ung
Lang	Lång
Langzaam	Långsam
Modern	Modern
Onschuldig	Oskyldig
Perfect	Perfekt
Waardevol	Värdefull
Zwaar	Tung

Bijvoeglijke Naamwoorden
Adjektiv #2

Authentiek	Autentisk
Begaafd	Begåvad
Beschrijvend	Beskrivande
Creatief	Kreativ
Dramatisch	Dramatisk
Gezond	Friska
Hongerig	Hungrig
Interessant	Intressant
Moe	Trött
Natuurlijk	Naturlig
Nieuw	Ny
Normaal	Normal
Productief	Produktiv
Slaperig	Sömnig
Sterk	Stark
Trots	Stolt
Verantwoordelijk	Ansvarig
Wild	Vild
Zout	Salt
Zuiver	Ren

Bloemen
Blommor

Bloemblad	Kronblad
Boeket	Bukett
Gardenia	Gardenia
Hibiscus	Hibiskus
Jasmijn	Jasmin
Klaver	Klöver
Lavendel	Lavendel
Lelie	Lilja
Lila	Lila
Madeliefje	Tusensköna
Magnolia	Magnolia
Narcis	Påsklilja
Orchidee	Orkidé
Paardebloem	Maskros
Papaver	Vallmo
Passiebloem	Passionflower
Pioenroos	Pion
Plumeria	Plumeria
Tulp	Tulpan
Zonnebloem	Solros

Boeken
Böcker

Auteur	Författare
Avontuur	Äventyr
Bladzijde	Sida
Collectie	Samling
Context	Sammanhang
Dualiteit	Dualitet
Episch	Episk
Gedicht	Dikt
Geschreven	Skrivs
Historisch	Historisk
Humoristisch	Humoristisk
Karakter	Karaktär
Lezer	Läsare
Literair	Litterär
Poëzie	Poesi
Relevant	Relevant
Roman	Roman
Tragisch	Tragisk
Verhaal	Berättelse
Verteller	Berättare

Boerderij #1
Gård #1

Bij	Bi
Ezel	Åsna
Geit	Get
Hek	Staket
Hond	Hund
Honing	Honung
Hooi	Hö
Kalf	Kalv
Kat	Katt
Kip	Kyckling
Koe	Ko
Kraai	Kråka
Kudde	Flock
Landbouw	Jordbruk
Mest	Gödsel
Paard	Häst
Rijst	Ris
Veld	Fält
Water	Vatten
Zaden	Frön

Boerderij #2
Gård #2

Bijenkorf	Bikupa
Boer	Bonde
Boomgaard	Fruktträdgård
Dieren	Djur
Eend	Anka
Fruit	Frukt
Gerst	Korn
Groente	Grönsak
Herder	Herde
Irrigatie	Bevattning
Lam	Lamm
Lama	Lama
Maïs	Majs
Melk	Mjölk
Schaap	Får
Schuur	Lada
Tarwe	Vete
Tractor	Traktor
Weide	Äng
Windmolen	Väderkvarn

Boksen
Boxning

Elleboog	Armbåge
Focus	Fokus
Handschoenen	Handskar
Herstel	Återhämtning
Hoek	Hörn
Kin	Haka
Klok	Klocka
Kracht	Styrka
Lichaam	Kropp
Punten	Poäng
Scheidsrechter	Domare
Schoppen	Sparka
Snel	Snabb
Tegenstander	Motståndare
Touwen	Rep
Uitgeput	Utmattad
Vaardigheid	Färdighet
Vechter	Kämpe
Verwondingen	Skador
Vuist	Näve

Boten
Båtar

Anker	Ankare
Bemanning	Besättning
Boei	Boj
Dok	Docka
Golven	Vågor
Jacht	Yacht
Kajak	Kajak
Kano	Kanot
Mast	Mast
Matroos	Sjöman
Meer	Sjö
Motor	Motor
Nautisch	Nautisk
Reddingsboot	Livbåt
Rivier	Flod
Touw	Rep
Veerboot	Färja
Vlot	Flotte
Zee	Hav
Zeilboot	Segelbåt

Camping
Camping

Avontuur	Äventyr
Berg	Berg
Bomen	Träd
Bos	Skog
Brand	Eld
Cabine	Stuga
Dieren	Djur
Hangmat	Hängmatta
Hoed	Hatt
Insect	Insekt
Jacht	Jakt
Kaart	Karta
Kano	Kanot
Kompas	Kompass
Lantaarn	Lykta
Maan	Måne
Meer	Sjö
Natuur	Natur
Tent	Tält
Touw	Rep

Chemie
Kemi

Alkalisch	Alkalisk
Chloor	Klor
Elektron	Elektron
Enzym	Enzym
Gas	Gas
Gewicht	Vikt
Ion	Jon
Katalysator	Katalysator
Koolstof	Kol
Metalen	Metaller
Molecuul	Molekyl
Organisch	Organisk
Reactie	Reaktion
Temperatuur	Temperatur
Vloeistof	Vätska
Warmte	Värme
Waterstof	Väte
Zout	Salt
Zuur	Syra
Zuurstof	Syre

Chocolade
Choklad

Antioxidant	Antioxidant
Aroma	Arom
Bitter	Bitter
Cacao	Kakao
Calorieën	Kalorier
Exotisch	Exotisk
Favoriet	Favorit
Heerlijk	Läcker
Ingrediënt	Ingrediens
Karamel	Kola
Kokosnoot	Kokos
Kwaliteit	Kvalitet
Pinda'S	Jordnötter
Poeder	Pulver
Recept	Recept
Smaak	Smak
Snoep	Godis
Suiker	Socker
Zoet	Söt

Circus
Cirkus

Aap	Apa
Acrobaat	Akrobat
Ballonnen	Ballonger
Clown	Clown
Dieren	Djur
Goochelaar	Trollkarl
Jongleur	Jonglör
Kaartje	Biljett
Kostuum	Kostym
Leeuw	Lejon
Magie	Magi
Muziek	Musik
Olifant	Elefant
Parade	Parad
Snoep	Godis
Tent	Tält
Tijger	Tiger
Toeschouwer	Åskådare
Truc	Lura
Vermaken	Underhålla

Creativiteit
Kreativitet

Artistiek	Konstnärlig
Beeld	Bild
Dramatisch	Dramatisk
Echtheid	Äkthet
Emoties	Känslor
Gevoel	Känsla
Helderheid	Klarhet
Ideeën	Idéer
Indruk	Intryck
Inspiratie	Inspiration
Intensiteit	Intensitet
Intuïtie	Intuition
Spontaan	Spontan
Uitdrukking	Uttryck
Vaardigheid	Färdighet
Verbeelding	Fantasi
Visioenen	Visioner
Vitaliteit	Vitalitet
Vloeibaarheid	Smidighet

Dagen en Maanden
Dagar och Månader

Augustus	Augusti
Dinsdag	Tisdag
Donderdag	Torsdag
Februari	Februari
Jaar	År
Januari	Januari
Juli	Juli
Juni	Juni
Kalender	Kalender
Maand	Månad
Maandag	Måndag
Maart	Mars
November	November
Oktober	Oktober
September	September
Vrijdag	Fredag
Week	Vecka
Woensdag	Onsdag
Zaterdag	Lördag
Zondag	Söndag

Dans
Dansa

Academie	Akademi
Beweging	Rörelse
Blij	Glad
Choreografie	Koreografi
Cultureel	Kulturell
Cultuur	Kultur
Emotie	Känsla
Expressief	Uttrycksfull
Genade	Nåd
Houding	Hållning
Klassiek	Klassisk
Kunst	Konst
Lichaam	Kropp
Muziek	Musik
Partner	Partner
Repetitie	Repetition
Ritme	Rytm
Springen	Hoppa
Traditioneel	Traditionell
Visueel	Visuell

De Media
Medium

Advertenties	Annons
Commercieel	Kommersiell
Communicatie	Kommunikation
Digitaal	Digital
Editie	Utgåva
Feiten	Fakta
Financiering	Finansiering
Individueel	Enskild
Industrie	Industri
Intellectueel	Intellektuell
Kranten	Tidningar
Lokaal	Lokal
Mening	Åsikt
Netwerk	Nätverk
Onderwijs	Utbildning
Online	Uppkopplad
Publiek	Offentlig
Radio	Radio
Televisie	Tv
Tijdschriften	Tidning

Diplomatie
Diplomati

Adviseur	Rådgivare
Ambassade	Ambassad
Ambassadeur	Ambassadör
Burgers	Medborgare
Conflict	Konflikt
Diplomatiek	Diplomatisk
Discussie	Diskussion
Ethiek	Etik
Gemeenschap	Gemenskap
Gerechtigheid	Rättvisa
Humanitair	Humanitär
Integriteit	Integritet
Oplossing	Lösning
Politiek	Politik
Regering	Regering
Resolutie	Resolution
Samenwerking	Samarbete
Talen	Språk
Veiligheid	Säkerhet
Verdrag	Fördrag

Ecologie
Ekologi

Bergen	Berg
Diversiteit	Mångfald
Droogte	Torka
Duurzaam	Hållbar
Fauna	Fauna
Flora	Flora
Gemeenschappen	Samhällen
Globaal	Global
Habitat	Livsmiljö
Klimaat	Klimat
Marinier	Marin
Moeras	Kärr
Natuur	Natur
Natuurlijk	Naturlig
Overleving	Överlevnad
Planten	Växter
Soort	Art
Variëteit	Mängd
Vegetatie	Vegetation
Vrijwilligers	Frivilliga

Elektriciteit
El

Accu	Batteri
Apparatuur	Utrustning
Draden	Tråd
Elektricien	Elektriker
Elektrisch	Elektrisk
Generator	Generator
Hoeveelheid	Kvantitet
Kabel	Kabel
Lamp	Lampa
Laser	Laser
Magneet	Magnet
Negatief	Negativ
Netwerk	Nätverk
Objecten	Objekt
Opslag	Lagring
Positief	Positiv
Stopcontact	Uttag
Telefoon	Telefon
Televisie	Tv

Emoties
Känslor

Angst	Rädsla
Beschaamd	Generad
Dankbaar	Tacksam
Droefheid	Sorg
Gelukzaligheid	Salighet
Inhoud	Innehåll
Liefde	Kärlek
Ontspannen	Avslappnad
Opgewonden	Upphetsad
Opluchting	Lättnad
Rust	Lugn
Sympathie	Sympati
Tederheid	Ömhet
Tevreden	Nöjd
Verrassing	Överraskning
Verveling	Leda
Vrede	Fred
Vreugde	Glädje
Vriendelijkheid	Vänlighet
Woede	Ilska

Energie
Energi

Accu	Batteri
Benzine	Bensin
Brandstof	Bränsle
Diesel	Diesel
Elektrisch	Elektrisk
Elektron	Elektron
Entropie	Entropi
Foton	Foton
Hernieuwbaar	Förnybar
Industrie	Industri
Koolstof	Kol
Motor	Motor
Nucleair	Kärnkraft
Omgeving	Miljö
Stoom	Ånga
Turbine	Turbin
Vervuiling	Förorening
Warmte	Värme
Waterstof	Väte
Wind	Vind

Engineering
Teknik

As	Axel
Berekening	Beräkning
Beweging	Rörelse
Bouw	Konstruktion
Diagram	Diagram
Diameter	Diameter
Diepte	Djup
Diesel	Diesel
Energie	Energi
Hoek	Vinkel
Kracht	Styrka
Machine	Maskin
Meting	Mätning
Motor	Motor
Rotatie	Rotation
Stabiliteit	Stabilitet
Structuur	Struktur
Vloeistof	Vätska
Voortstuwing	Framdrivning
Wrijving	Friktion

Eten #1
Mat #1

Aardbei	Jordgubb
Abrikoos	Aprikos
Basilicum	Basilika
Citroen	Citron
Gerst	Korn
Kaneel	Kanel
Knoflook	Vitlök
Melk	Mjölk
Peer	Päron
Pinda	Jordnöt
Salade	Sallad
Sap	Juice
Soep	Soppa
Spinazie	Spenat
Suiker	Socker
Tonijn	Tonfisk
Ui	Lök
Vlees	Kött
Wortel	Morot
Zout	Salt

Eten #2
Mat #2

Amandel	Mandel
Ananas	Ananas
Appel	Äpple
Asperge	Sparris
Aubergine	Äggplanta
Banaan	Banan
Broccoli	Broccoli
Brood	Bröd
Druif	Druva
Ei	Ägg
Ham	Skinka
Kaas	Ost
Kip	Kyckling
Kiwi	Kiwi
Perzik	Persika
Rijst	Ris
Tarwe	Vete
Tomaat	Tomat
Vis	Fisk
Yoghurt	Yoghurt

Ethiek
Etik

Altruïsme	Altruism
Diplomatiek	Diplomatisk
Eerbiedig	Respektfull
Eerlijkheid	Ärlighet
Filosofie	Filosofi
Geduld	Tålamod
Individualisme	Individualism
Integriteit	Integritet
Mededogen	Medkänsla
Mensheid	Mänskligheten
Optimisme	Optimism
Rationaliteit	Rationalitet
Realisme	Realism
Redelijk	Rimlig
Samenwerking	Samarbete
Tolerantie	Tolerans
Vriendelijkheid	Vänlighet
Waarden	Värden
Waardigheid	Värdighet
Wijsheid	Visdom

Familie
Familj

Broer	Bror
Dochter	Dotter
Grootmoeder	Mormor
Jeugd	Barndom
Kind	Barn
Kleinzoon	Barnbarn
Man	Make
Moeder	Mor
Neef	Brorson
Nicht	Syskonbarn
Oom	Farbror
Opa	Farfar
Tante	Moster
Tweeling	Tvillingar
Vader	Far
Vaderlijk	Faderlig
Voorouder	Förfader
Vrouw	Fru
Zus	Syster

Fruit
Frukt

Abrikoos	Aprikos
Ananas	Ananas
Appel	Äpple
Avocado	Avokado
Banaan	Banan
Bes	Bär
Citroen	Citron
Druif	Druva
Framboos	Hallon
Kers	Körsbär
Kiwi	Kiwi
Kokosnoot	Kokos
Mango	Mango
Meloen	Melon
Nectarine	Nektarin
Oranje	Apelsin
Papaja	Papaya
Peer	Päron
Perzik	Persika
Pruim	Plommon

Gebouwen
Byggnader

Ambassade	Ambassad
Appartement	Lägenhet
Bioscoop	Bio
Boerderij	Gård
Cabine	Stuga
Fabriek	Fabrik
Hotel	Hotell
Kasteel	Slott
Laboratorium	Laboratorium
Museum	Museum
Observatorium	Observatorium
School	Skola
Schuur	Lada
Stadion	Stadion
Supermarkt	Mataffär
Tent	Tält
Theater	Teater
Toren	Torn
Universiteit	Universitet
Ziekenhuis	Sjukhus

Geografie
Geografi

Atlas	Atlas
Berg	Berg
Breedtegraad	Breddgrad
Continent	Kontinent
Eiland	Ö
Evenaar	Ekvator
Halfrond	Halvklot
Hoogte	Höjd
Kaart	Karta
Land	Land
Lengtegraad	Longitud
Meridiaan	Meridian
Noorden	Norr
Regio	Område
Rivier	Flod
Stad	Stad
Wereld	Värld
Westen	Väst
Zee	Hav
Zuiden	Söder

Geologie
Geologi

Aardbeving	Jordbävning
Calcium	Kalcium
Continent	Kontinent
Erosie	Erosion
Fossiel	Fossil
Geiser	Gejser
Gesmolten	Smält
Grot	Grotta
Koraal	Korall
Kristallen	Kristaller
Kwarts	Kvarts
Laag	Lager
Lava	Lava
Plateau	Platå
Stalactiet	Stalaktit
Steen	Sten
Vulkaan	Vulkan
Zone	Zon
Zout	Salt
Zuur	Syra

Geometrie
Geometri

Berekening	Beräkning
Cirkel	Cirkel
Curve	Kurva
Diameter	Diameter
Dimensie	Dimension
Driehoek	Triangel
Hoek	Vinkel
Hoogte	Höjd
Horizontaal	Horisontell
Logica	Logik
Loodrecht	Vinkelrät
Massa	Massa
Mediaan	Median
Oppervlak	Yta
Parallel	Parallell
Segment	Segment
Symmetrie	Symmetri
Theorie	Teori
Vergelijking	Ekvation
Verticaal	Vertikal

Getallen
Nummer

Acht	Åtta
Achttien	Arton
Dertien	Tretton
Drie	Tre
Een	Ett
Negen	Nio
Negentien	Nitton
Nul	Noll
Tien	Tio
Twaalf	Tolv
Twee	Två
Twintig	Tjugo
Veertien	Fjorton
Vier	Fyra
Vijf	Fem
Vijftien	Femton
Zes	Sex
Zestien	Sexton
Zeven	Sju
Zeventien	Sjutton

Gezondheid en Welzijn #1
Hälsa och Välbefinnande

Actief	Aktiv
Apotheek	Apotek
Bacteriën	Bakterie
Behandeling	Behandling
Breuk	Fraktur
Dokter	Läkare
Gewoonte	Vana
Honger	Hunger
Hoogte	Höjd
Hormonen	Hormoner
Huid	Hud
Kliniek	Klinik
Letsel	Skada
Medicijn	Medicin
Ontspanning	Avkoppling
Reflex	Reflex
Spieren	Muskler
Therapie	Terapi
Virus	Virus
Zenuwen	Nerver

Gezondheid en Welzijn #2
Hälsa och Välbefinnande

Allergie	Allergi
Anatomie	Anatomi
Bloed	Blod
Calorie	Kalori
Dieet	Kost
Energie	Energi
Genetica	Genetik
Gewicht	Vikt
Gezond	Friska
Herstel	Återhämtning
Hygiëne	Hygien
Infectie	Infektion
Lichaam	Kropp
Massage	Massage
Spijsvertering	Matsmältning
Stress	Påfrestning
Vitamine	Vitamin
Voeding	Näring
Ziekenhuis	Sjukhus
Ziekte	Sjukdom

Groenten
Grönsaker

Artisjok	Kronärtskocka
Aubergine	Äggplanta
Broccoli	Broccoli
Erwt	Ärta
Gember	Ingefära
Knoflook	Vitlök
Komkommer	Gurka
Olijf	Oliv
Paddestoel	Svamp
Peterselie	Persilja
Pompoen	Pumpa
Raap	Rova
Radijs	Rädisa
Salade	Sallad
Selderij	Selleri
Sjalot	Schalottenlök
Spinazie	Spenat
Tomaat	Tomat
Ui	Lök
Wortel	Morot

Haartypes
Hårtyper

Blond	Blond
Bruin	Brun
Dik	Tjock
Droog	Torr
Dun	Tunn
Gekleurd	Färgad
Gevlochten	Flätad
Gezond	Friska
Golvend	Vågig
Grijs	Grå
Hoofdhuid	Skalp
Kaal	Skallig
Kort	Kort
Krullen	Lockar
Krullend	Lockigt
Lang	Lång
Wit	Vit
Zacht	Mjuk
Zilver	Silver
Zwart	Svart

Herbalisme
Herbalism

Aromatisch	Aromatisk
Basilicum	Basilika
Bloem	Blomma
Culinair	Kulinarisk
Dille	Dill
Dragon	Dragon
Groen	Grön
Ingrediënt	Ingrediens
Knoflook	Vitlök
Kwaliteit	Kvalitet
Lavendel	Lavendel
Marjolein	Mejram
Oregano	Oregano
Peterselie	Persilja
Rozemarijn	Rosmarin
Saffraan	Saffran
Smaak	Smak
Tijm	Timjan
Tuin	Trädgård
Venkel	Fänkål

Huis
Hus

Bezem	Kvast
Bibliotheek	Bibliotek
Dak	Tak
Deur	Dörr
Douche	Dusch
Garage	Garage
Haard	Öppen Spis
Hek	Staket
Kamer	Rum
Kelder	Källare
Keuken	Kök
Lamp	Lampa
Meubilair	Möbel
Muur	Vägg
Schoorsteen	Skorsten
Slaapkamer	Sovrum
Spiegel	Spegel
Tapijt	Matta
Tuin	Trädgård
Zolder	Vind

Huisdieren
Husdjur

Dierenarts	Veterinär
Geit	Get
Hagedis	Ödla
Hamster	Hamster
Hond	Hund
Kat	Katt
Katje	Kattunge
Klauwen	Klor
Koe	Ko
Konijn	Kanin
Kraag	Krage
Muis	Mus
Papegaai	Papegoja
Poten	Tassar
Puppy	Valp
Schildpad	Sköldpadda
Staart	Svans
Vis	Fisk
Voedsel	Mat
Water	Vatten

Installaties
Växter

Bamboe	Bambu
Bes	Bär
Blad	Blad
Bloem	Blomma
Boom	Träd
Boon	Böna
Bos	Skog
Cactus	Kaktus
Flora	Flora
Gebladerte	Lövverk
Gras	Gräs
Klimop	Murgröna
Kruid	Ört
Mest	Gödsel
Mos	Mossa
Plantkunde	Botanik
Struik	Buske
Tuin	Trädgård
Vegetatie	Vegetation
Wortel	Rot

Jazz
Jazz

Album	Album
Applaus	Applåder
Artiest	Konstnär
Beroemd	Känd
Componist	Kompositör
Concert	Konsert
Favorieten	Favoriter
Genre	Genre
Improvisatie	Improvisation
Invloed	Influenser
Lied	Låt
Muziek	Musik
Nadruk	Betoning
Nieuw	Ny
Orkest	Orkester
Oud	Gammal
Ritme	Rytm
Stijl	Stil
Talent	Talang
Techniek	Teknik

Keuken
Kök

Cup	Koppar
Eetstokjes	Ätpinnar
Grill	Grill
Ketel	Vattenkokare
Koelkast	Kylskåp
Kom	Skål
Kruik	Kanna
Lepels	Skedar
Messen	Knivar
Oven	Ugn
Pollepel	Slev
Pot	Burk
Recept	Recept
Schort	Förkläde
Servet	Servett
Specerijen	Kryddor
Spons	Svamp
Voedsel	Mat
Vorken	Gafflar
Vriezer	Frys

Kleding
Kläder

Armband	Armband
Blouse	Blus
Broek	Byxor
Handschoenen	Handskar
Hoed	Hatt
Jas	Päls
Jasje	Jacka
Jurk	Klänning
Ketting	Halsband
Mode	Mode
Pyjama	Pyjamas
Riem	Bälte
Rok	Kjol
Sandalen	Sandaler
Schoen	Sko
Schort	Förkläde
Shirt	Skjorta
Sjaal	Halsduk
Sokken	Strumpor
Trui	Tröja

Klimmen
Klättring

Atmosfeer	Atmosfär
Deskundige	Expert
Fysiek	Fysisk
Gidsen	Guide
Grot	Grotta
Handschoenen	Handskar
Helm	Hjälm
Hoogte	Höjd
Kaart	Karta
Kracht	Styrka
Laarzen	Stövlar
Letsel	Skada
Nieuwsgierigheid	Nyfikenhet
Opleiding	Träning
Smal	Smal
Stabiliteit	Stabilitet
Terrein	Terräng
Uitdagingen	Utmaningar
Wandelen	Vandring

Koffie
Kaffe

Aroma	Arom
Beker	Kopp
Bitter	Bitter
Cafeïne	Koffein
Drank	Dryck
Filter	Filter
Geroosterd	Rostad
Malen	Slipa
Melk	Mjölk
Ochtend	Morgon
Oorsprong	Ursprung
Prijs	Pris
Room	Grädde
Smaak	Smak
Suiker	Socker
Variëteit	Mängd
Vloeistof	Vätska
Water	Vatten
Zuur	Sur
Zwart	Svart

Kracht en Zwaartekracht
Kraft och Gravitation

Afstand	Avstånd
As	Axel
Baan	Omloppsbana
Beweging	Rörelse
Centrum	Centrum
Druk	Tryck
Dynamisch	Dynamisk
Eigendommen	Egenskaper
Gewicht	Vikt
Impact	Effekt
Magnetisme	Magnetism
Mechanica	Mekanik
Natuurkunde	Fysik
Ontdekking	Upptäckt
Planeten	Planeter
Snelheid	Hastighet
Tijd	Tid
Uitbreiding	Expansion
Universeel	Universell
Wrijving	Friktion

Kunst
Konst

Beeldhouwwerk	Skulptur
Complex	Komplex
Creëren	Skapa
Eenvoudig	Enkel
Eerlijk	Ärlig
Figuur	Figur
Geïnspireerd	Inspirerad
Humeur	Humör
Keramisch	Keramik
Onderwerp	Ämne
Origineel	Original
Persoonlijk	Personlig
Poëzie	Poesi
Portretteren	Skildra
Schilderijen	Målningar
Surrealisme	Surrealism
Symbool	Symbol
Uitdrukking	Uttryck
Visueel	Visuell

Kunstbenodigdheden
Konstmaterial

Acryl	Akryl
Aquarellen	Akvareller
Borstels	Borstar
Camera	Kamera
Creativiteit	Kreativitet
Ezel	Staffli
Gom	Suddgummi
Houtskool	Träkol
Ideeën	Idéer
Inkt	Bläck
Klei	Lera
Kleuren	Färger
Lijm	Lim
Olie	Olja
Papier	Papper
Potloden	Pennor
Stoel	Stol
Tafel	Tabell
Verf	Färg
Water	Vatten

Landen #1
Länder #1

België	Belgien
Brazilië	Brasilien
Cambodja	Kambodja
Canada	Kanada
Chili	Chile
Duitsland	Tyskland
Egypte	Egypten
Irak	Irak
Israël	Israel
Italië	Italien
Letland	Lettland
Libië	Libyen
Marokko	Marocko
Nicaragua	Nicaragua
Noorwegen	Norge
Panama	Panama
Polen	Polen
Roemenië	Rumänien
Senegal	Senegal
Spanje	Spanien

Landen #2
Länder #2

Denemarken	Danmark
Ethiopië	Etiopien
Frankrijk	Frankrike
Griekenland	Grekland
Ierland	Irland
Indonesië	Indonesien
Japan	Japan
Kenia	Kenya
Laos	Laos
Libanon	Libanon
Liberia	Liberia
Maleisië	Malaysia
Mexico	Mexico
Nepal	Nepal
Nigeria	Nigeria
Oeganda	Uganda
Oekraïne	Ukraina
Rusland	Ryssland
Somalië	Somalia
Syrië	Syrien

Landschappen
Landskap

Berg	Berg
Eiland	Ö
Geiser	Gejser
Gletsjer	Glaciär
Golf	Golf
Grot	Grotta
Heuvel	Kulle
IJsberg	Isberg
Meer	Sjö
Moeras	Träsk
Oase	Oas
Rivier	Flod
Schiereiland	Halvö
Strand	Strand
Toendra	Tundra
Vallei	Dal
Vulkaan	Vulkan
Waterval	Vattenfall
Woestijn	Öken
Zee	Hav

Literatuur
Litteratur

Analogie	Analogi
Analyse	Analys
Anekdote	Anekdot
Auteur	Författare
Biografie	Biografi
Conclusie	Slutsats
Dialoog	Dialog
Gedicht	Dikt
Mening	Åsikt
Metafoor	Metafor
Omschrijving	Beskrivning
Poëtisch	Poetisk
Rijm	Rim
Ritme	Rytm
Roman	Roman
Stijl	Stil
Thema	Tema
Tragedie	Tragedi
Vergelijking	Jämförelse
Verteller	Berättare

Meditatie
Meditation

Aandacht	Uppmärksamhet
Aanvaarding	Godkännande
Ademhaling	Andas
Beweging	Rörelse
Dankbaarheid	Tacksamhet
Emoties	Känslor
Gedachten	Tankar
Geluk	Lycka
Helderheid	Klarhet
Houding	Hållning
Mededogen	Medkänsla
Mentaal	Psykisk
Muziek	Musik
Natuur	Natur
Observatie	Observation
Perspectief	Perspektiv
Stilte	Tystnad
Vrede	Fred
Vriendelijkheid	Vänlighet
Wakker	Vaken

Meer Informatie
Science Fiction

Bioscoop	Bio
Boeken	Böcker
Brand	Eld
Denkbeeldig	Imaginär
Dystopie	Dystopi
Explosie	Explosion
Extreem	Extrem
Fantastisch	Fantastisk
Futuristisch	Trogen
Illusie	Illusion
Mysterieus	Mystisk
Orakel	Orakel
Planeet	Planet
Realistisch	Realistisk
Robots	Robotar
Scenario	Scenario
Sterrenstelsel	Galax
Technologie	Teknik
Utopie	Utopi
Wereld	Värld

Menselijk Lichaam
Människokroppen

Been	Ben
Bloed	Blod
Elleboog	Armbåge
Enkel	Fotled
Hand	Hand
Hart	Hjärta
Hersenen	Hjärna
Hoofd	Huvud
Huid	Hud
Kaak	Käke
Kin	Haka
Knie	Knä
Maag	Mage
Mond	Mun
Nek	Hals
Neus	Näsa
Oor	Öra
Schouder	Axel
Tong	Tunga
Vinger	Finger

Metingen
Mått

Breedte	Bredd
Byte	Byte
Centimeter	Centimeter
Decimaal	Decimal
Diepte	Djup
Gewicht	Vikt
Graad	Grad
Gram	Gram
Hoogte	Höjd
Inch	Tum
Kilogram	Kilogram
Kilometer	Kilometer
Lengte	Längd
Liter	Liter
Massa	Massa
Meter	Meter
Minuut	Minut
Ons	Uns
Ton	Ton
Volume	Volym

Mode
Mode

Bescheiden	Blygsam
Betaalbaar	Prisvärd
Borduurwerk	Broderi
Comfortabel	Bekväm
Duur	Dyr
Eenvoudig	Enkel
Elegant	Elegant
Kant	Spets
Kleding	Kläder
Knop	Knappar
Minimalistisch	Minimalistisk
Modern	Modern
Origineel	Original
Patroon	Mönster
Praktisch	Praktisk
Stijl	Stil
Stof	Tyg
Textuur	Textur
Trend	Trend
Winkel	Boutique

Muziek
Musik

Album	Album
Ballade	Ballad
Harmonie	Harmoni
Improviseren	Improvisera
Instrument	Instrument
Klassiek	Klassisk
Koor	Kör
Lyrisch	Lyrisk
Melodie	Melodi
Microfoon	Mikrofon
Muzikaal	Musikalisk
Muzikant	Musiker
Opera	Opera
Opname	Inspelning
Poëtisch	Poetisk
Ritme	Rytm
Ritmisch	Rytmisk
Tempo	Tempo
Zanger	Sångare
Zingen	Sjunga

Muziekinstrumenten
Musikinstrument

Banjo	Banjo
Cello	Cello
Fagot	Fagott
Fluit	Flöjt
Gitaar	Gitarr
Gong	Gong
Harp	Harpa
Hobo	Oboe
Klarinet	Klarinett
Mandoline	Mandolin
Marimba	Marimba
Mondharmonica	Munspel
Percussie	Slagverk
Piano	Piano
Saxofoon	Saxofon
Tamboerijn	Tamburin
Trombone	Trombon
Trommel	Trumma
Trompet	Trumpet
Viool	Fiol

Mythologie
Mytologi

Archetype	Arketyp
Bliksem	Blixt
Creatie	Skapande
Cultuur	Kultur
Donder	Åska
Doolhof	Labyrint
Gedrag	Beteende
Held	Hjälte
Heldin	Hjältinna
Hemel	Himmel
Jaloezie	Svartsjuka
Kracht	Styrka
Krijger	Krigare
Legende	Legend
Monster	Monster
Onsterfelijkheid	Odödlighet
Ramp	Katastrof
Sterfelijk	Dödlig
Wezen	Varelse
Wraak	Hämnd

Natuur
Natur

Arctisch	Arktisk
Bijen	Bin
Bos	Skog
Dieren	Djur
Dynamisch	Dynamisk
Erosie	Erosion
Gebladerte	Lövverk
Gletsjer	Glaciär
Heiligdom	Fristad
Klippen	Klippor
Mist	Dimma
Rivier	Flod
Schoonheid	Skönhet
Schuilplaats	Skydd
Sereen	Lugn
Tropisch	Tropisk
Vitaal	Avgörande
Wild	Vild
Woestijn	Öken
Wolken	Moln

Natuurkunde
Fysik

Atoom	Atom
Chaos	Kaos
Chemisch	Kemisk
Deeltje	Partikel
Dichtheid	Densitet
Elektron	Elektron
Experiment	Experiment
Formule	Formel
Frequentie	Frekvens
Gas	Gas
Magnetisme	Magnetism
Massa	Massa
Mechanica	Mekanik
Molecuul	Molekyl
Motor	Motor
Relativiteit	Relativitet
Snelheid	Hastighet
Universeel	Universell
Versnelling	Acceleration
Zwaartekracht	Allvar

Oceaan
Hav

Aal	Ål
Algen	Alger
Boot	Båt
Dolfijn	Delfin
Garnaal	Räka
Getijden	Tidvatten
Haai	Haj
Koraal	Korall
Krab	Krabba
Kwal	Manet
Octopus	Bläckfisk
Oester	Ostron
Rif	Rev
Schildpad	Sköldpadda
Spons	Svamp
Storm	Storm
Tonijn	Tonfisk
Vis	Fisk
Walvis	Val
Zout	Salt

Overheid
Regeringen

Burgerschap	Medborgarskap
Civiel	Civil
Democratie	Demokrati
Discussie	Diskussion
Gelijkheid	Jämlikhet
Gerechtelijk	Rättslig
Gerechtigheid	Rättvisa
Grondwet	Konstitution
Leider	Ledare
Monument	Monument
Natie	Nation
Nationaal	Nationell
Politiek	Politik
Rechten	Rättigheter
Staat	Stat
Symbool	Symbol
Toespraak	Tal
Vrijheid	Frihet
Wet	Lag
Wijk	Distrikt

Psychologie
Psykologi

Afspraak	Utnämning
Beoordeling	Bedömning
Bewusteloos	Medvetslös
Cognitie	Kognition
Conflict	Konflikt
Dromen	Drömmar
Ego	Ego
Emoties	Känslor
Ervaringen	Erfarenheter
Gedachten	Tankar
Gedrag	Beteende
Gevoel	Känsla
Invloed	Influenser
Jeugd	Barndom
Klinisch	Klinisk
Perceptie	Uppfattning
Persoonlijkheid	Personlighet
Probleem	Problem
Realiteit	Verklighet
Therapie	Terapi

Regenwoud
Regnskog

Amfibieën	Amfibier
Behoud	Bevarande
Botanisch	Botanisk
Diversiteit	Mångfald
Gemeenschap	Gemenskap
Inheems	Inhemsk
Insecten	Insekter
Jungle	Djungel
Klimaat	Klimat
Mos	Mossa
Natuur	Natur
Overleving	Överlevnad
Respect	Respekt
Restauratie	Restaurering
Soort	Art
Toevlucht	Tillflykt
Vogels	Fåglar
Waardevol	Värdefull
Wolken	Moln
Zoogdieren	Däggdjur

Restaurant #2
Restaurang nr 2

Cake	Kaka
Diner	Middag
Drank	Dryck
Eieren	Ägg
Fruit	Frukt
Groente	Grönsaker
Heerlijk	Läcker
Ijs	Is
Lepel	Sked
Lunch	Lunch
Noedels	Nudlar
Ober	Servitör
Salade	Sallad
Soep	Soppa
Specerijen	Kryddor
Stoel	Stol
Vis	Fisk
Vork	Gaffel
Water	Vatten
Zout	Salt

Rijden
Körning

Auto	Bil
Brandstof	Bränsle
Garage	Garage
Gas	Gas
Gevaar	Fara
Kaart	Karta
Licentie	Licens
Motor	Motor
Motorfiets	Motorcykel
Ongeluk	Olycka
Politie	Polis
Remmen	Bromsar
Snelheid	Hastighet
Straat	Gata
Tunnel	Tunnel
Veiligheid	Säkerhet
Verkeer	Trafik
Voetganger	Fotgängare
Vrachtauto	Lastbil
Weg	Väg

Schoonheid
Skönhet

Charme	Charm
Cosmetica	Kosmetika
Diensten	Tjänster
Elegant	Elegant
Elegantie	Elegans
Fotogeniek	Fotogenisk
Genade	Nåd
Geur	Doft
Glad	Slät
Huid	Hud
Kleur	Färg
Krullen	Lockar
Lippenstift	Läppstift
Mascara	Mascara
Producten	Produkter
Schaar	Sax
Shampoo	Schampo
Spiegel	Spegel
Stilist	Stylist
Verzinnen	Smink

Specerijen
Kryddor

Anijs	Anis
Bitter	Bitter
Gember	Ingefära
Kaneel	Kanel
Kardemom	Kardemumma
Kerrie	Curry
Knoflook	Vitlök
Komijn	Kummin
Koriander	Koriander
Kruidnagel	Kryddnejlika
Nootmuskaat	Muskot
Paprika	Paprika
Peper	Peppar
Saffraan	Saffran
Smaak	Smak
Ui	Lök
Vanille	Vanilj
Venkel	Fänkål
Zoet	Söt
Zout	Salt

Stad
Staden

Apotheek	Apotek
Bakkerij	Bageri
Bank	Bank
Bibliotheek	Bibliotek
Bioscoop	Bio
Boekhandel	Bokhandel
Dierentuin	Zoo
Galerij	Galleri
Hotel	Hotell
Kliniek	Klinik
Luchthaven	Flygplats
Markt	Marknad
Museum	Museum
Restaurant	Restaurang
School	Skola
Stadion	Stadion
Supermarkt	Mataffär
Theater	Teater
Universiteit	Universitet
Winkel	Lagra

Tijd
Tid

Dag	Dag
Decennium	Årtionde
Eeuw	Århundrade
Gisteren	Igår
Jaar	År
Jaarlijks	Årlig
Kalender	Kalender
Klok	Klocka
Maand	Månad
Middag	Middag
Minuut	Minut
Na	Efter
Nacht	Natt
Nu	Nu
Ochtend	Morgon
Toekomst	Framtid
Uur	Timme
Vandaag	Idag
Vroeg	Tidig
Week	Vecka

Tuin
Trädgård

Bank	Bänk
Bloem	Blomma
Boom	Träd
Boomgaard	Fruktträdgård
Garage	Garage
Gazon	Gräsmatta
Gras	Gräs
Hangmat	Hängmatta
Hark	Räfsa
Hek	Staket
Onkruid	Ogräs
Schop	Skyffel
Slang	Slang
Struik	Buske
Terras	Terrass
Trampoline	Trampolin
Tuin	Trädgård
Veranda	Veranda
Vijver	Damm
Wijnstok	Vin

Universum
Universum

Asteroïde	Asteroid
Astronomie	Astronomi
Astronoom	Astronom
Atmosfeer	Atmosfär
Baan	Omloppsbana
Breedtegraad	Breddgrad
Dierenriem	Djurkretsen
Duisternis	Mörker
Evenaar	Ekvator
Halfrond	Halvklot
Hemel	Himmel
Horizon	Horisont
Kantelen	Luta
Kosmisch	Kosmisk
Lengtegraad	Longitud
Maan	Måne
Sterrenstelsel	Galax
Telescoop	Teleskop
Zichtbaar	Synlig
Zonnewende	Solstånd

Vakantie #2
Semester # 2

Bestemming	Destination
Buitenlander	Utlänning
Buitenlands	Utländsk
Eiland	Ö
Hotel	Hotell
Kaart	Karta
Kamperen	Camping
Luchthaven	Flygplats
Paspoort	Pass
Reis	Resa
Reserveringen	Reservationer
Restaurant	Restaurang
Strand	Strand
Taxi	Taxi
Tent	Tält
Vakantie	Semester
Vervoer	Transport
Visum	Visum
Vrije Tijd	Fritid
Zee	Hav

Vliegtuigen
Flygplan

Afdaling	Härkomst
Atmosfeer	Atmosfär
Avontuur	Äventyr
Ballon	Ballong
Bemanning	Besättning
Bouw	Konstruktion
Brandstof	Bränsle
Geschiedenis	Historia
Hemel	Himmel
Hoogte	Höjd
Landen	Landning
Lucht	Luft
Motor	Motor
Navigeren	Navigera
Ontwerp	Design
Passagier	Passagerare
Piloot	Pilot
Richting	Riktning
Turbulentie	Turbulens
Waterstof	Väte

Voeding
Näring

Bitter	Bitter
Calorieën	Kalorier
Dieet	Kost
Eetbaar	Ätlig
Eetlust	Aptit
Eiwitten	Proteiner
Evenwichtig	Balanserad
Fermentatie	Jäsning
Gewicht	Vikt
Gezond	Friska
Gezondheid	Hälsa
Koolhydraten	Kolhydrater
Kwaliteit	Kvalitet
Saus	Sås
Smaak	Smak
Spijsvertering	Matsmältning
Toxine	Toxin
Vitamine	Vitamin
Vloeistoffen	Vätskor
Voedingsstof	Näringsämne

Voertuigen
Fordon

Ambulance	Ambulans
Auto	Bil
Banden	Däck
Boot	Båt
Bus	Buss
Caravan	Husvagn
Fiets	Cykel
Helikopter	Helikopter
Metro	Tunnelbana
Motor	Motor
Onderzeeër	Ubåt
Raket	Raket
Scooter	Skoter
Taxi	Taxi
Tractor	Traktor
Trein	Tåg
Veerboot	Färja
Vliegtuig	Flygplan
Vlot	Flotte
Vrachtauto	Lastbil

Vogels
Fåglar

Duif	Duva
Eend	Anka
Ei	Ägg
Flamingo	Flamingo
Gans	Gås
Kip	Kyckling
Koekoek	Gök
Kraai	Kråka
Meeuw	Mås
Mus	Sparv
Ooievaar	Stork
Papegaai	Papegoja
Pauw	Påfågel
Pelikaan	Pelikan
Pinguïn	Pingvin
Reiger	Häger
Struisvogel	Struts
Toekan	Toucan
Uil	Uggla
Zwaan	Svan

Vormen
Former

Bol	Sfär
Boog	Båge
Cilinder	Cylinder
Cirkel	Cirkel
Curve	Kurva
Driehoek	Triangel
Hoek	Hörn
Hyperbool	Hyperbel
Kant	Sida
Kegel	Kon
Kubus	Kub
Lijn	Linje
Ovaal	Oval
Piramide	Pyramid
Prisma	Prisma
Randen	Kanter
Rechthoek	Rektangel
Ronde	Rund
Veelhoek	Polygon
Vierkant	Torg

Wandelen
Vandring

Berg	Berg
Dieren	Djur
Gevaren	Risker
Kaart	Karta
Kamperen	Camping
Klif	Klippa
Klimaat	Klimat
Laarzen	Stövlar
Moe	Trött
Muggen	Mygg
Natuur	Natur
Oriëntatie	Orientering
Parken	Parker
Stenen	Stenar
Top	Toppmöte
Voorbereiding	Förberedelse
Water	Vatten
Wild	Vild
Zon	Sol
Zwaar	Tung

Water
Vatten

Douche	Dusch
Geiser	Gejser
Golven	Vågor
Ijs	Is
Irrigatie	Bevattning
Kanaal	Kanal
Meer	Sjö
Moesson	Monsun
Oceaan	Hav
Orkaan	Orkan
Overstroming	Översvämning
Regen	Regn
Rivier	Flod
Sneeuw	Snö
Stoom	Ånga
Verdamping	Avdunstning
Vocht	Fukt
Vochtig	Fuktig
Vochtigheid	Fuktighet
Vorst	Frost

Weersomstandigheden
Väder

Atmosfeer	Atmosfär
Bliksem	Blixt
Donder	Åska
Droogte	Torka
Hemel	Himmel
Ijs	Is
Klimaat	Klimat
Mist	Dimma
Moesson	Monsun
Orkaan	Orkan
Overstroming	Översvämning
Polair	Polära
Regenboog	Regnbåge
Storm	Storm
Temperatuur	Temperatur
Tornado	Tromb
Tropisch	Tropisk
Vochtig	Fuktig
Wind	Vind
Wolk	Moln

Wetenschap
Vetenskap

Atoom	Atom
Chemisch	Kemisk
Deeltjes	Partiklar
Evolutie	Evolution
Experiment	Experiment
Feit	Faktum
Fossiel	Fossil
Gegevens	Data
Hypothese	Hypotes
Klimaat	Klimat
Laboratorium	Laboratorium
Methode	Metod
Mineralen	Mineraler
Moleculen	Molekyler
Natuur	Natur
Natuurkunde	Fysik
Observatie	Observation
Organisme	Organism
Wetenschapper	Forskare
Zwaartekracht	Allvar

Wetenschappelijke Discip
Vetenskapliga Discipliner

Anatomie	Anatomi
Archeologie	Arkeologi
Astronomie	Astronomi
Biochemie	Biokemi
Biologie	Biologi
Chemie	Kemi
Ecologie	Ekologi
Fysiologie	Fysiologi
Geologie	Geologi
Immunologie	Immunologi
Mechanica	Mekanik
Meteorologie	Meteorologi
Mineralogie	Mineralogi
Neurologie	Neurologi
Plantkunde	Botanik
Psychologie	Psykologi
Robotica	Robotteknik
Sociologie	Sociologi
Thermodynamica	Termodynamik
Voeding	Näring

Wiskunde
Matematik

Bol	Sfär
Decimaal	Decimal
Diameter	Diameter
Divisie	Division
Driehoek	Triangel
Exponent	Exponent
Fractie	Fraktion
Geometrie	Geometri
Hoeken	Vinklar
Loodrecht	Vinkelrät
Omtrek	Omkrets
Parallel	Parallell
Rechthoek	Rektangel
Rekenkundig	Aritmetisk
Som	Summa
Symmetrie	Symmetri
Veelhoek	Polygon
Vergelijking	Ekvation
Vierkant	Torg
Volume	Volym

Zakelijk
Företag

Bedrijf	Företag
Begroting	Budget
Belastingen	Skatter
Carrière	Karriär
Economie	Ekonomi
Fabriek	Fabrik
Financiën	Finans
Geld	Pengar
Inkomen	Inkomst
Investering	Investering
Kantoor	Kontor
Korting	Rabatt
Kosten	Kosta
Transactie	Transaktion
Valuta	Valuta
Verkoop	Försäljning
Werkgever	Arbetsgivare
Werknemer	Anställd
Winkel	Butik
Winst	Vinst

Zoogdieren
Däggdjur

Aap	Apa
Bever	Bäver
Coyote	Prärievarg
Dolfijn	Delfin
Ezel	Åsna
Geit	Get
Giraf	Giraff
Gorilla	Gorilla
Hond	Hund
Kameel	Kamel
Kangoeroe	Känguru
Kat	Katt
Konijn	Kanin
Leeuw	Lejon
Olifant	Elefant
Paard	Häst
Stier	Tjur
Vos	Räv
Walvis	Val
Wolf	Varg

Gefeliciteerd

Je hebt het gehaald!

We hopen dat u net zoveel plezier beleeft aan dit boek als wij aan het maken ervan. We doen ons best om spellen van hoge kwaliteit te maken.
Deze puzzels zijn op een slimme manier ontworpen zodat je actief kunt leren terwijl je plezier hebt!

Vond je ze mooi?

Een Eenvoudig Verzoek

Onze boeken bestaan dankzij de recensies die zij publiceren. Kunt u ons helpen door nu een mening achter te laten ?

Hier is een korte link die u naar uw bestellingen beoordelingspagina.

BestBooksActivity.com/Recensie50

FINAAL UITDAGING!

Uitdaging nr. 1

Klaar voor uw bonusspel? We gebruiken ze de hele tijd, maar ze zijn niet zo gemakkelijk te vinden. Hier zijn **Synoniemen!**

Noteer 5 woorden die je ontdekt hebt in elk van de onderstaande puzzels (nr. 21, nr. 36, nr. 76) en probeer voor elk woord 2 synoniemen te vinden.

Notitie 5 Woorden uit *Puzzle 21*

Woorden	Synoniem 1	Synoniem 2

Notitie 5 Woorden uit *Puzzle 36*

Woorden	Synoniem 1	Synoniem 2

Notitie 5 Woorden uit *Puzzle 76*

Woorden	Synoniem 1	Synoniem 2

Uitdaging nr. 2

Nu je opgewarmd bent, noteer 5 woorden die je ontdekt hebt in elke hieronder genoteerde puzzel (nr. 9, nr. 17, nr. 25) en probeer voor elk woord 2
antoniemen te vinden. Hoeveel regels kan je doen in 20 minuten?

Notitie 5 Woorden uit *Puzzle 9*

Woorden	Antoniem 1	Antoniem 2

Notitie 5 Woorden uit *Puzzle 17*

Woorden	Antoniem 1	Antoniem 2

Notitie 5 Woorden uit *Puzzle 25*

Woorden	Antoniem 1	Antoniem 2

Uitdaging nr. 3

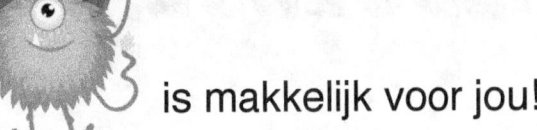

Prachtig, deze finaal uitdaging is makkelijk voor jou!

Klaar voor de laatste? Kies je 10 favoriete woorden die je in een van de puzzels hebt ontdekt en noteer ze hieronder.

1.	6.
2.	7.
3.	8.
4.	9.
5.	10.

De uitdaging is nu om met deze woorden en binnen een maximum van zes zinnen een tekst te schrijven over een persoon, dier of plaats waar je van houdt!

Tip: U kunt de laatste blanco pagina van dit boek als kladblaadje gebruiken!

Je schrijven:

NOTITIEBOEKJE:

TOT SNEL!

Linguas Classics

GENIET VAN GRATIS SPELLEN

GO

↓

BESTACTIVITYBOOKS.COM/FREEGAMES